Ética para desconfiados

Ética para desconfiados

DAVID PASTOR VICO

Planeta

Diseño de portada: Planeta Arte & Diseño / Eduardo Ramón Trejo
Fotografía del autor: Pedro Flores

Bajo el sello editorial PLANETA M.R.
Avenida Presidente Masarik núm. 111,
Piso 2, Polanco V Sección, Miguel Hidalgo
C.P. 11560, Ciudad de México
www.planetadelibros.com.mx

Primera edición en formato epub: octubre de 2021
ISBN: 978-607-07-8044-8

Primera edición impresa en México: octubre de 2021
Quinta reimpresión en México: marzo de 2024
ISBN: 978-607-07-8067-7

Impreso en los talleres de Quitresa Impresores, S.A. de C.V.
Calle Goma No. 167, Colonia Granjas México, C.P. 08400, Iztacalco, Ciudad de México
Impreso y hecho en México – *Printed and made in Mexico*

¡Oh, añorado Hipnos!
No sé cómo pude ofenderte tanto.
Y espero que, dedicándote estas letras,
me permitas recuperar el tiempo perdido.

Índice

EL REMEDIO AL DOLOR Y AL MIEDO

Prólogo

Durante muchos años me he dedicado a estudiar la inteligencia humana. Tardé mucho tiempo en descubrir algo que tal vez os sorprenda: la gran creación de la inteligencia no es la ciencia, ni la tecnología, ni el arte, sino la ética.

Os lo voy a explicar. La función principal de la inteligencia es resolver problemas, y cuanto más complicados, importantes y urgentes sean, mayor talento habrá que aplicar para solucionarlos. Pues bien, los problemas más difíciles son los que afectan a la felicidad personal y a la dignidad de nuestra convivencia. Y de eso se encarga, precisamente, la ética. Para encontrar ejemplos basta mirar a nuestro alrededor. Mas de 800 millones de seres humanos pasan hambre en el mundo. En este momento se producen suficientes alimentos para que esto no suceda, por lo tanto, no se trata de una cuestión económica o técnica. Se trata de un problema ético: no estamos dispuestos a resolver esa situación. Siria lleva 10 años sufriendo una guerra civil en la que han muerto más de 400 mil personas. Las luchas por el poder desprecian la vida de los ciudadanos. Por debajo de esas atrocidades siempre hay un colapso moral.

Muchas veces pensamos que esto de la ética es un mero adorno, que cada uno va a lo suyo. En una sociedad democrática parece que no la necesitamos porque, afortunadamente, penetra nuestro modo de vida y nuestras instituciones, por eso debemos pensar en lo que sucedería si desapareciera. Según Heródoto, un historiador griego, cuando moría el rey de Persia, durante cinco días quedaban en suspenso todas las leyes, es decir, todo el mundo podía hacer lo que quisiera: matar, robar, violar, destruir. ¿Para qué hacían algo tan brutal? Para que la gente se diera cuenta de lo terrible que era vivir sin la protección de las leyes, y recibieran con esperanza al nuevo gobernante. Lo mismo sucedería si ahora desaparecieran todas las normas éticas: aparecería el horror.

He dicho que nuestra sociedad está protegida porque la ética está presente en nuestro modo de vida. Pero conviene recordar que esa situación solo se puede mantener si los ciudadanos colaboramos. De lo contrario, la agresividad, la envidia, la injusticia pueden manejar nuestra vida.

Os digo todo esto para indicaros que este libro es un tratado sobre la inteligencia aplicada a la búsqueda de una sociedad más feliz. Vico os va a resumir, de forma muy atractiva, los grandes descubrimientos de la humanidad, las mejores soluciones que se nos han ocurrido para resolver esos complicados problemas. Pero no basta con conocerlas: hay que ponerlas en práctica. Por eso, estas páginas de Vico son una llamada a la acción. Espero que en la acción ética nos encontremos todos.

José Antonio Marina

Antes de empezar

Diremos que hay, fundamentalmente, dos tipos de lectores potenciales de este librito.

Uno, los que, atraídos por el título, movidos por obras anteriores, por su portada tan chula o por cualquier otra razón que desconozco, se hacen con él y lo leen por curiosidad, unas gotas de cierta perversión y todo el gusto por el descubrimiento que en él esperan hacer.

Y los otros lectores. Quienes, por una cuestión de fuerza mayor, de imposición jerárquica, de «te lo lees o no aprobarás la materia», tienen la penosa obligación administrativo-académica de tragarse cada capítulo, cada página, cada párrafo, cada frase y hasta cada una de estas malditas palabras; esos que incluso tienen que escribir un resumen, generar debates en clase o cualquier otra horrible maldad que se le ocurra a su torturador educativo de cabecera.

Si eres del primer tipo de lector, el que me lee por gusto, seguro que ya esbozaste una sonrisita socarrona; créeme que yo también, aunque esté mal reconocerlo. Estoy casi seguro de que este libro será para ti como un paseo curioso y muy ameno, no solo por lo que dice, sino por cómo lo dice. Y, ¡por supuesto!, por tener siempre presente al otro lector, entre encabronado y resignado, contando cuántas páginas le quedan aún en este infierno después de haber arrojado el libro 20 veces al suelo y haberlo pisoteado con rabia. Pero ya que todos hemos sido cocineros antes que frailes, tengámosles consideración y cariño a esos sufridos lectores. Y es que, aunque nos cueste reconocerlo, tú y yo también estuvimos en su pellejo.

Si para desgracia tuya eres del segundo tipo de lector, de los obligados a indigestarse con mis palabras, sé bienvenido; aunque no me creas ahora, quiero que sepas que nos lo vamos a pasar muy bien, o por lo menos así lo pretendo… Aunque aquí el importante eres tú, no te quepa duda alguna. Y quiero que sepas que voy a tenerte siempre delante en el discurrir de mis ideas, aunque por ahora ni intuyas de qué hablo o afirmes que, por mucho que lo intente, no conseguiré captar tu atención ni tus infinitas ganas de no aprender absolutamente nada cuando te obligan a ello. Conozco muy bien ese sentimiento, a todos nos ha pasado o nos sigue pasando en algún momento. Cosas de la vida.

¡Ser tú debe ser tan duro! Lo sé, a veces puedo parecer un insensible, pero tenme paciencia. Quizá así descubriremos juntos que no somos tan diferentes como pudiera parecer a simple vista, ni eres tan único como tus padres o las redes sociales te han hecho creer desde que tienes conciencia, desde que creíste descubrir lo trascendental, y a la vez miserable, que es nuestro paso por este mundo tan imperfecto; tanto que a muchos les parece una auténtica mierda.

Es posible que en lo que está por venir nos encontremos y entendamos que las edades del hombre siempre se repiten a pesar de todas esas aparentes diferencias, y que, lejos de separarnos, nos acercan. Porque conocer a los demás es conocerte a ti mismo de una manera más fiel, mucho más de lo que ahora puedes imaginar.

Lejos de permitirnos saborear cada momento, la pasión, la vehemencia y el ímpetu de la juventud terminan por devorarnos. Son tus armas, sí, pero también pueden ser tus peores aliados. Cuídate de ellas siempre; pero no te limites a imaginar lo que quiero decir: tómate el tiempo de descubrirlo conmigo. Estamos condenados a vivir juntos y compartir el mismo aire, a encontrar juntos la salida de este laberinto que implica estar vivos. No nos perdamos.

Ojalá lo consigamos.

ÉTICA

> A vosotros, los audaces buscadores e indagadores, y a quienquiera que alguna vez se haya lanzado con astutas velas a mares terribles, a vosotros los ebrios de enigmas, que gozáis con la luz del crepúsculo, cuyas almas son atraídas con flautas a todos los abismos laberínticos: pues no queréis, con mano cobarde, seguir a tientas un hilo; y allí donde podéis adivinar, odiáis el deducir.
>
> FRIEDRICH NIETZSCHE, *Ecce homo*

Pesar el tiempo

Mi paso por la adolescencia se pareció bastante a una estampida de animales salvajes. Como si alguien hubiera dejado abiertas las jaulas del zoológico municipal y un centenar de fieras, ávidas de libertad, de repente tomaran la ciudad. Las consecuencias son predecibles para cualquiera: aplastamientos, destrozos de mobiliario urbano y, asumámoslo, un inagotable reguero de mierda.

Nada que ver con ese camino de baldosas amarillas plagado de sonrisas en el que la mercadotecnia y los medios de comunicación actuales han querido convertir a la juventud. Muchos jóvenes aspiracionistas y fácilmente influenciables emulan desde sus redes sociales este ideal: postean sus fotos más producidas e impactantes, las geolocalizaciones más glamurosas, más *nice* y *cool*, o los supuestos logros trascendentales que, día a día, van consiguiendo. Otros se afanan en compartir la ruta que acaban de correr y que jamás repetirán, el diploma de un curso *online* que nunca utilizarán, o en hacer 25 lagartijas cada día durante un mes para solidarizarse con una supuesta causa justa o por el puro capricho de mostrar una forma física muy mejorable, ¿quién sabe?

Y es que a veces, muchas veces, me sorprende haber llegado a la adultez de una pieza, sin más mutilaciones y heridas que las típicas de alguien que ha vivido lo más intensamente que pudo durante esas primeras décadas de su vida, y que espera vivir lo suficiente para poder ver a sus hijas superar también esa etapa.

Hoy me divierte reconocer mis contradicciones, haber hecho esas cosas que dije que nunca haría y que ahora me enorgullezco de haber hecho, junto a otras muchas que, siendo sincero, me avergüenzan, pero que forman parte de un aprendizaje global y estoy casi seguro de que no repetiré. No obstante, si hiciera alguna estupidez, espero que este nuevo fracaso de la **voluntad**[1] me legitime para llamarme imbécil ante el espejo del baño por las mañanas; solo eso, tampoco hay que martirizarse demasiado, no sirve de mucho. Así es el *animal humano*, así somos: racionales y viscerales en todo momento, incapaces de desligarnos de nuestra avergonzante animalidad. Porque, en el fondo, dejarnos llevar por ella nos fascina, por mucho que después reivindiquemos la **razón** como el máximo y más brillante exponente de nuestra humanidad. Nada vamos a conseguir con negarlo.

Todavía hoy sigo emocionándome al escuchar la misma música con la que intentaba mitigar los momentos de angustia de la adolescencia, por no saber qué sería de mi vida cuando el futuro se me echara encima y no pudiera impedir el golpe con la realidad. Aquellos acordes mágicos me permitían la evasión por momentos. Y todavía sigo moviendo

1 Explico todas las palabras en negrita al final del libro, en el «Glosario filosófico mínimo». ¡Consúltalo!

la cabeza al ritmo de aquella otra música que me hacía saltar y brincar como un poseído. Recuerdo que en los conciertos me decía al oído, a grito limpio, que aprovechara ese instante, que el tiempo pasa y nunca se volvería a repetir ese estado de euforia con los amigos, y que para torturarme con el mañana ya estaría la resaca del despertar.

Si cierro los ojos, es fácil entender que *ayer* es una palabra más grande de lo que parece y no solo se refiere al día anterior al que ahora vives. Si cierro los ojos, puedo oler el mar y la emoción y el nerviosismo inquieto de la primera escapada a la playa con los amigos. Puedo sentir la incertidumbre ante aquella primera cita que, desde luego, iba a ser una decepción absoluta, pero que estaba obligado a vivir como la mayor de las posibilidades. Aún tengo en las tripas el miedo y el vértigo por el inminente golpe de las consecuencias de haber hecho algo indebido, aquello de lo que normalmente me arrepentía de inmediato, aunque tarde: engañar a un amigo, mentir a mis padres, faltar a la palabra dada, insultar de forma gratuita, abusar física o psicológicamente de alguien más débil.

Y si soy valiente y me siento fuerte, cierro los ojos y puedo revivir, con la misma desolación de entonces, la primera pérdida realmente importante de mi vida: la de la inocencia. La primera vez que supe lo que era el amor no correspondido e intuí las muchas veces que se repetiría aquella zozobra, lo difícil que sería encontrar a la persona adecuada, si es que llegaba a conseguirlo. El primer sueño roto, ese momento exacto en el que el miedo pudo más que la voluntad y me amordazó, me paralizó y me hizo sentir impotente y estúpido. El primer amigo que me dejó antes de tiempo, la primera vez que tuve la certeza de que el mundo era una mierda y lo utópico que resultaba intentar cambiarlo. Todas esas cosas, y muchas más, son las que hacen que la palabra *ayer* sea más traicionera y deseada de lo que ahora te puedas imaginar.

Cuando mi abuelo Antonio cumplió 80 años y yo aún no llegaba a la veintena, le pregunté si recordaba su niñez con la misma intensidad y claridad con que yo lo hacía, siendo más joven. Por alguna estúpida razón, en ese momento creí que quizá, al ser tan viejo, los recuerdos estarían desdibujados, en blanco y negro o en color sepia, como las fotos de familia que guardaba en una caja de zapatos dentro del ropero. Pero no; para mi asombro, el abuelo me aseguró que se acordaba de su infancia como si hubiera sido ayer, incluso mejor de lo que recordaba haber desayunado esa misma mañana. Me contó cómo los niños pobres de los años veinte en Sevilla, sin nada mejor a lo que jugar, competían a ver quién llegaba más lejos apuntando con el chorro de orina; quizá alcanzaban la distancia entre un rail y otro de las vías del tren, o un metro, o tal vez metro y dos palmos. Se reía, y entonces se sorprendía de que el tiempo hubiera pasado tan deprisa, tan pronto, tan inmediato, con tanto dolor y con otros muchos momentos dignos de recordarse. Pero para rememorar estos últimos siempre tenía que hacer un esfuerzo extra, igual que para olvidar otros más tristes, aunque nunca se fueran en realidad. Decía que dentro de sí se seguía sintiendo joven, que reconocía al niño que fue cuando se miraba en los espejos.

Así descubrí que el peso del tiempo no se siente en el momento, y todo puede fiarse cuando crees que te queda suficiente por delante. Pero cuando sabes que ya queda muy poco, le temes como al dolor. Porque eso es el tiempo: la certeza de que somos finitos, de que todos vamos a morir sí o sí, y de que en realidad nunca sabes qué cantidad te tocó para sufrir y disfrutar de la vida.

Si por alguna suerte de encantamiento hollywoodiense ahora pudiera ir a visitar a ese yo del pasado (egocéntrico, taciturno e irascible; malencarado e inocentón; inteligente, pero nada listo; creativo, aunque demasiado holgazán; que se creía invulnerable a las tormentas, a la vez que podía llegar a ser un chiste con patas), no sabría si darme algún buen consejo, un par de guantazos a mano abierta, un abrazo rompecostillas, o dialogar tranquilamente sobre qué me espera de bueno y de malo en los próximos años. Quizá todo a la vez. El problema es si ese yo del pasado toleraría de buen grado alguna de estas cosas. Los guantazos te aseguro que no, aunque los necesitara y casi los estuviera pidiendo a gritos.

Ahora pretendo hacer algo parecido contigo, aunque sin llegar a las manos. Conmigo, desafortunadamente, nunca podré hacerlo, aunque me hubiera venido de puta madre. Quizá me sienta culpable por las muchas cagadas que hice y quiera ayudarte a no hacer lo propio; quizá me esté autoengañando, o quizá crea que realmente necesitas escuchar lo poco que puedo decirte sobre estas cosas. Puede que te sean de utilidad, no lo sé.

Y no sé, tampoco, en qué disposición te encuentras para escucharme; no te conozco y tal vez de eso te colgarás para no hacerme mucho caso. Me dirás que nada de lo que te cuento tiene que ver contigo, que qué sabré yo de tu vida, de tu familia, de tu entorno, de tus amigos, de tus sueños y de tus miedos. Puede que tengas mucha razón, pero ningún ser humano ha sido tan radicalmente diferente en todos los siglos que nos ha tocado pisar la Tierra como para que todo esto no le sea propio. No somos tan distintos como ahora mismo crees, y esto lo repetiré hasta el cansancio. Déjame, al menos, intentar demostrártelo.

¿Qué hago con toda esta incertidumbre?

DESPUÉS DEL ROLLO medio sentimentalón del arranque, convendrás conmigo en que a veces debes sentirte un poco extraño en este mundo hiperconectado, que ha decidido no dejar de girar nos pase lo que nos pase. Puede que no sepas en realidad por qué sientes esto; y puede que ahora pongas gesto de confusión, o de no querer entender de lo que hablo.

Me refiero al sentimiento que se produce justo cuando no logras entender nada, cuando te sientes a merced de quién sabe qué o quiénes, o no comprendes cómo ni por qué pasan las cosas. Ese sentimiento de indefensión e impotencia ante un todo que te sobrepasa y del que no te sientes parte, por mucho que otros se empeñen en decirte lo contrario. Esa certeza amarga y casi secreta de saber que tu capacidad de acción o decisión sobre la mayoría de las cosas que ocurren a tu alrededor es insignificante, a tal grado que muchas veces te sientes arrastrado por una multitud, sin poder tocar el suelo con los pies; con suerte, la multitud podría llevarte a algún lugar maravilloso, pero también a despeñarte por un barranco.

Y hay días en los que sientes que podrías mover montañas y abrir los mares con las manos; días en los que nada te importa, pues el mañana todo lo aguanta y el ahora manda. Y otros, en cambio, en los que no pasa nada; días en los que el aire no corre, y no sabes dónde quedaron la fuerza y las ganas. Y así pasan semanas, y ni te diste tiempo para sentarte a pensar qué demonios estaba pasando.

Hicimos al mundo mucho más chico en estas últimas décadas, justo para que nacieras como parte de una generación que todos imaginaban como la esperanza de un futuro mejor, llena de posibilidades. No obstante, naciste bajo el peso exagerado de las expectativas de generaciones pasadas como la mía, que hicieron de este mundo uno mucho más pequeñito, parecido a un nudo retorcido. Una enredada madeja de cables de fibra óptica en la que nos vigilamos unos a otros e intentamos ser más iguales que nunca, mientras nos creemos más diferentes y únicos. Así, olvidamos que en la variedad estará siempre la riqueza, y en la unión nuestra fuerza.

Y en medio de la tormenta estás tú.

Ya no sabemos qué nombre ponerle a todo esto, ni qué era estamos inaugurando o cerrando. A la primitiva red de redes la llamamos ciberespacio, y este se reinventa a cada hora que pasa. Podemos estar *en línea*, subir cosas a *la nube* o hacer vida en *lo virtual*. Hemos llenado de pantallas nuestra realidad; donde antes había cuadros y álbumes de fotos familiares, ahora hay dispositivos interconectados y redes sociales que achican las distancias entre los avatares y posibilitan las relaciones en un entorno aparentemente seguro. Y sin embargo pareciera que a la par nos alejamos de las personas reales que están detrás de esas representaciones idealizadas de ellas mismas, y que con tanto gusto y necesidad comparten en el mundo virtual.

La velocidad da vértigo y el vértigo nos imprime nervio. Queremos ir al mismo ritmo en que gira el mundo, pero es imposible hacerlo siempre. Cuando nos quedamos atrás, aceleramos la respiración, ansiosos por volver a subirnos en la ola.

Entonces aparecen los nuevos fantasmas. No sé si ya te ha pasado, pero seguro te pasará. Alguno de tus contactos fallecerá, así es la vida. Pero cuando muera, lo hará en el mundo real, ese donde está el aire que respiramos y necesitamos para vivir. Cuando muera no podrá postear que ha muerto, no subirá una foto de su tumba, no podrá cambiar su estado, y muy probablemente nadie podrá hacerlo por él. Si la familia se toma la molestia, podrá cerrar sus perfiles de las redes sociales, pero es un proceso lento y trabajoso que no se hace nunca de inmediato, pues hay cosas más importantes en esos momentos, como llorar. Y sus imágenes te acompañarán durante algunos años; alguien hará algún comentario en una de esas fotos en las que te etiquetó y recibirás un aviso, una sombra que alarga su mano para recordarte que, como a todos, también te llegará el momento de irte. Sabrás que esa es la única certeza de tu vida, aunque vivamos sujetos a la posibilidad de que sea muy lejos en el tiempo, o quizá cuando termines de leer este libro.

Los filósofos definen al animal humano como un *ser contingente*, o sujeto a la *contingencia*. Esto significa que en el mundo del que formamos parte hay cosas que no es imposible que sucedan, pero que tampoco es necesario que ocurran. Pensar que «si algo puede pasar pasará», como dice la ley de Murphy, es en realidad demasiado optimista, pues muchas veces lo que puede pasar es que no pase nada si no decides que así suceda.

Contingente es el espacio en el que vivimos; pero, en lo que a nosotros nos incumbe, es mejor pasar a la acción que esperar que las cosas pasen por sí solas.

¿No te quedó del todo claro? Decir que hay cosas que no es imposible que sucedan es igual que decir que ahora mismo, mientras me lees, te puede caer un meteorito encima. ¿Es imposible? No, seguro que hay una probabilidad, por muy pequeña que sea, de que esto llegue a suceder. Pero ¿es necesario que esto ocurra? Pues tampoco. No hay ninguna obligación cósmica que determine la necesidad de que te caiga un meteorito ahora mismo, o que te saques la lotería. ¿Es imposible que pase? No. ¿Es necesario que pase? No. Seguro que puedes aplicar esto a un millón de cosas en tu vida diaria. Eso es estar sujeto a lo contingente, así que tampoco esperes que las cosas pasen si en realidad no tienes certeza de que pasarán; de lo contrario, solo el azar regirá tu vida. Ahora sí que ves bien por dónde voy, ¿o todavía no?

Ante todo: mucha calma[2]

Te comprendo, créeme. Yo también me vi así, desbordado y sin saber qué carajo hacer con mi vida. Te confieso que aún hoy me ocurre con mucha frecuencia, y ¡ay de nosotros! si no nos sucediera. Esto de atragantarnos con tanta realidad es una vieja costumbre que arrastramos los animales humanos. Así como tú, lo sufro desde que tenía más o menos tu edad, o quizá algún año menos; y creo que no me abandonará jamás, aunque haya aprendido a sobrellevarlo y a vivir de una forma más o menos digna e, incluso, haya encontrado la forma de sacarle cierto grado de productividad.

Sentirte así no es malo, no te asustes.

No entender qué pasa en el mundo, pero albergar la certeza de que algo no va del todo bien, es lo que nos ha llevado a algunas personas

2 Si te gusta la arqueología peligrosa, te invito a que busques a la banda de rock gallega Siniestro Total y le metas una oreja al disco de 1992 que se titula igual que este capítulo.

a investigar y hacer filosofía. Sin embargo, yo no soy el importante aquí; hoy quiero hablar contigo y de ti, desde ahora y durante todas las páginas de este libro. Sí, tú: ese tema que tantos desasosiegos, dudas y esperanzas te genera sin que te hayas dado cuenta, o quizá sí, aunque crees que tampoco es para tanto... hasta que otros te hacen ver lo intenso que te pones, sin percatarse de que ellos, a su vez, son muy parecidos porque todos comparten esa misma necesidad.

Hablando de ti, cuéntame si esto te suena de algo. Ya sea en algún juego medio coquetón entre amigos y amigas, con el psicopedagogo de la escuela, o con alguien que se las da de psicólogo (o algo peor), quizá ya te haya tocado responder a la pregunta «¿qué palabras piensas que te definen?» o «¿cómo te ves y cómo crees que te ven los demás?» o alguna otra frase similar que te inste a reflexionar y divagar sobre tu personalidad, aquello que te define y te caracteriza para ser como piensas que eres. Es difícil, ¿verdad? Esto se debe a que, aunque uno siempre cree conocerse lo suficiente, cuando debemos proyectarnos en palabras cuesta diferenciar cuánto hay de realidad en lo que decimos, cuánto de autoengaño e idealización y cuánto de autosabotaje.

«Reconocerte» es otra forma de interpretar la voz antigua «conócete a ti mismo»,[3] un aforismo hoy en día más sobado que la puerta de un colegio. Aunque este aparente abuso, y posible desgaste semántico, no significa que no encierre aún una gran lección y una dura labor para todos los que se lo han tomado en serio alguna vez en sus vidas.

3 Si eres de las personas que gustan de tatuarse frases en otro idioma, aquí te la dejo en su griego clásico original: «γνῶθι σεαυτόν»; y si te pone más el latín, aquí la tienes: «Nosce te ipsum». Ambas deben quedar muy chulas en medio de un signo de infinito.

Este ejercicio, y para cerrar temporalmente este tema, no es una tarea en la que pueda auxiliarnos ningún tipo de tecnología, ni antigua ni moderna; más bien es alguien quien puede ayudarnos, y con suerte varios de ellos. Sí, te dejaré con la intriga hasta el final.

Te aviso que de aquí en adelante, y si me prestas la atención suficiente, descubriremos si tiene algún sentido seguir repitiendo esta frase con tanta ligereza, pues en parte es de esto sobre lo que tratará también este librito.

Para conocerme a mí mismo

Paradójicamente, para los que no conocen el verdadero significado del viejo aforismo, conocerse a uno mismo siempre fue el paso previo y necesario para poder acercarnos al conocimiento de «lo otro», lo que no soy yo. Aunque la mayoría no lo sepa, eso es lo importante de esta frase.

¡¿Y cómo quieres que lo adivine, Vico?!

Es verdad, no aparece así escrito, pero es que antes no era necesario dejarlo todo tan claro, no necesitaban notas a pie de página ni hipervínculos con diccionarios.

Ahora que te lo cuento, es posible que te genere algo de sorpresa y hasta confusión, qué le vamos a hacer. Como tú, la mayoría de la gente lo interpreta como: «Primero me conozco yo y después, quizá, "lo otro"». Eso si es que llega a meter en su interpretación «lo otro», lo cual, como te imaginarás, casi nunca sucede. Así que las más de las veces todo se queda en un egocentrismo medio idiota y casi masturbatorio que no ayuda mucho a avanzar desde el punto de vista filosófico. Esto ya te lo contaré más adelante.

Reitero: lo importante es lo que no aparece en esta sentencia. Aquello que te cuesta tanto entender y mucho más reconocer pese a que no sea extraño a ti, a tu ser en sí. Eso mismo que, sin embargo, es tan real y necesario como tu propia capacidad de pensar para saber que existes, que eres.

Fíjate bien. «Lo otro» forma parte de ti tanto como la materia de la que estás hecho. Imagina que te extirpan la vesícula biliar y la ves en el bote de la basura, en un rincón del quirófano; eso entonces a tus ojos es «lo otro»: formó parte de ti, te fue útil, te compuso y hasta te dio forma, aunque ahora no lo sientas como propio.

«Lo otro» también puede dar sentido a nuestra existencia y marcar nuestro final, como lo hace el tiempo, del que ya hablamos. Sin el tiempo no existiríamos, no moriríamos y tampoco naceríamos, no habría nada. Es una dimensión que nos traspasa y nos permite existir. A veces lo sentimos como propio y decimos: «Este es mi momento, mi tiempo»; o lo echamos en falta, como hacía mi abuelo. En otras ocasiones lo vemos como algo amenazante, extraño, incluso llegamos a repudiarlo: «No quiero volver a vivir esto jamás, necesito que pase el tiempo». En esos momentos el tiempo se percibe con más claridad como «lo otro». Incluso si el dolor supera a nuestros deseos, anhelamos que nuestro tiempo se acabe pronto, que termine el sufrimiento, porque dejar de mortificarnos se convierte en nuestro único alivio.

Por tu propia **naturaleza**, estás obligado a relacionarte con «lo otro»: tus vecinos, familiares, compañeros de escuela o trabajo. Muchas veces incluso sufres por ello, sobre todo si te caen mal; sin embargo, siguen siendo aquello ajeno a ti que te conforma. «Lo otro» es la realidad en la que vivimos, con la que convivimos y que nos atraviesa. Si nos esforzamos, podemos entenderlo a través del ejercicio de la razón, si es que hemos aprendido a pensar bien. Por eso muchos dirán que «lo otro» es la «realidad racional», porque podemos llegar a entenderla.

Como sea, no nos libramos de «lo otro» con tanta facilidad, en especial de «los otros», pues con ellos debemos vivir y relacionarnos. Los animales humanos somos así: convivimos con nuestros iguales, de lo contrario solo seríamos animales... por si no era obvio.

En este punto, todo profesor de filosofía que se precie de serlo me exigirá que te hable de lo que escribió el viejo Aristóteles: «El hombre es un animal político». Bueno, vamos allá.

¿La política nos hace menos animales, o solo otro tipo de animales?

Atención.

A la relación que mantienen los animales humanos, como tú y como yo, con los otros animales humanos, lo llamamos política. Esto se debe a que todos habitamos lo que los antiguos griegos llamaban *polis*.[4] Al modo en el que lo hacemos, lo llamamos ética.

Sé que te suena un poco raro, porque si la ética no es más que el modo de relación del animal humano, ¿por qué es posible decir cosas como «mi profesor de filosofía es muy poco ético» o «esta acción

4 La traducción literal de esta palabra es «ciudad» o «ciudad-estado independiente» para los griegos clásicos. Pero no te limites a pensar que la política y la ética son relativas solo a los habitantes de las ciudades tal como ahora las entendemos; la *polis* debe ser concebida como el ámbito de relación espacial de los animales humanos, así sea una tribu, una aldea, un pueblo, una ciudad pequeña o la enorme Ciudad de México. Todos los espacios donde cohabitemos serán *polis*.

es éticamente incorrecta»? En teoría, este modo de relación, tal cual te lo planteo, no es cuantificable o calificable. Es o no es, y poco más.

Te lo aclaro un poco por si te está costando entender qué es eso de «el modo de relación de los animales humanos».

La ética solo existe cuando hablamos del ser humano. Es, por darle un giro más accesible, uno de nuestros lugares comunes como especie. Si hablamos del modo de relación de otros animales, la palabra *ética* carece de sentido; de hecho, al estudio del comportamiento de los animales en su entorno natural o artificial lo llamamos etología. Se parece, pero no es igual.

Por lo tanto, decir que alguien es poco ético es como decir que es poco humano, cosa que puede cuadrarnos bastante bien si hablamos de manera metafórica, pero que biológicamente es imposible a menos que se trate de un *Homo sapiens neanderthalensis*, que fue un homínido, pero no es un *sapiens sapiens* como tú o como yo. Además, el primero está extinto, a diferencia de ti y de mí... al menos por ahora.

Lo que sí se puede ser, por ejemplo, es inmoral o amoral. Moral y ética son dos cosas distintas, aunque todo el cosmos haya conspirado contra ti desde que tienes uso de razón para hacerte creer lo contrario y haya definido una palabra con la otra y viceversa. Como espero que no te guste quedarte con la duda, un poco más adelante te daré un consejo muy sencillo para identificar y definir correctamente qué es ética y qué es moral. Solo debes tenerme un poco de paciencia.

Pero retomemos la idea del principio, por si la habías olvidado: ¿cuál es el problema de repetir tantas veces y con tanta intensidad la sentencia «conócete a ti mismo» durante casi tres mil años, después de que a alguien se le ocurriera grabarla en la piedra del templo de Apolo en Delfos? (Lugar al que, por cierto, los peregrinos acudían a preguntar al oráculo sobre su futuro). Sucede que la distancia temporal que nos separa de este tipo de eventos tiene un costo; hay que pagar peaje por transitarla, y este precio suele ser, casi siempre, la deformación de las intenciones originales de sus primeros autores. Con el rodar de los siglos vamos reinterpretando el mensaje de manera que concuerde más con nuestra forma de entender el mundo en ese momento. Es por ello que, al escuchar esta frase, muchos ni siquiera la entienden como «primero yo y después "lo otro"». Tan solo logran comprender que deben conocerse a sí mismos y punto, como si eso fuera posible desde el ejercicio individual. Esto, como dije, sucede de manera constante; lo mismo ocurre con la frase de Juvenal «mens sana in corpore sano», que todos traducen fuera de contexto como «una mente sana en un cuerpo sano». Esto te lo explicaré en otra ocasión.

Permíteme ser redundante. «Conócete a ti mismo» no te invita, de ninguna manera, a realizar un ejercicio de introspección yoista, ni a conocer tus sentimientos, tus vilezas o tus grandezas. No es un pase para sentirte único en el universo y bendecido así por ello, mucho menos a redescubrirte en comunión íntima con tu alma, espíritu, proyección astral, constelación familiar ni nada por el estilo, tan propio de los textos de autoayuda. Esta voz de nuestro pasado cultural nos exhorta a descubrir para qué somos buenos en relación con nuestro papel dentro de la convivencia con los demás.

Solo al saber para qué eres bueno y útil podrás desarrollarte mejor en ello; de otro modo, te será imposible ayudar con tus acciones al resto de los habitantes de la *polis*. No encontrarás ni podrás reivindicar tu sitio en la sociedad de la que formas parte «tú» con «los otros».

Si estás más poético y prefieres darle un tono solemne, conocerte a ti mismo te permitirá hallar «el sentido de la vida», si es que quieres usar este topicazo que solo los Monty Python[5] supieron desarrollar correctamente.

Pronto entenderás que no hay que buscar el sentido de la vida, porque en sí no lo tiene. Más bien, hay que dotar de sentido a la vida y esto, solos y sin los demás, es imposible y no tiene sentido alguno.

Así que, lejos de ser un consejo que se enfoque en ti mismo como única posibilidad de conocimiento del mundo, o como un mantra del psicoanálisis y el *mindfulness* para empoderarte y ponerte en sintonía con el cosmos, «conócete a ti mismo» indica el modo de relación con aquellos que viven junto a ti. ¿Te suena?

En efecto, hablamos de nuevo sobre ética, y es por ello que esta frase fue también el lema de la academia de Platón: solo desde esta concepción del autoconocimiento se podía actuar de manera virtuosa, y solo desde el ejercicio de la virtud se podía **ser feliz**.[6]

Por tanto, y aunque hoy cueste trabajo de creer, el camino del autodescubrimiento es algo que no debe hacerse en solitario, sino en relación con y para «los otros». De no hacerse así, no te servirá más que para generar incertidumbre, angustia insana, ansiedad por ser consciente de tu propia contingencia. Nadie desea vivir de esa manera; de esto te hablaré más adelante.

5 Te hablo de la película *El sentido de la vida* (*Monty Python's The Meaning of Life*, 1983). Ya estás tardando en verla si aún no lo has hecho. Y si la viste, ¿qué esperas para hacerlo otra vez?

6 Subraya desde «En efecto» hasta «feliz» y dobla el pico de esta página. Casi al final del libro sabrás por qué.

Lo que hacemos para no cagarla... demasiado

DESDE LUEGO, VIVIR en la incertidumbre es una tortura. Esta, por si no lo sabes, es la falta de certeza, y según el diccionario de la Real Academia Española la certeza es «el conocimiento seguro y claro de algo» y «la firme adhesión de la mente a algo conocible, sin temor a errar». Todos hemos experimentado con mayor o menor intensidad este tipo de situaciones y, si somos buenas personas, no se las desearemos ni a nuestro peor enemigo... ¡No! A ese o a esa en quien ahora estás pensando tampoco, no seas así.

Cuando digo «todos», estoy abarcando los casi 200 mil años de existencia del animal humano sobre la faz de nuestro maltrecho planeta.[7] Siempre hemos querido conocer para estar prevenidos y tener

7 Estos 200 mil años a los que hago referencia son una cifra muy controvertida, aceptada por unos y refutada por otros, pero es el dato que maneja José Antonio Marina en sus libros y conferencias, y como es mi amigo y además lo admiro y respeto muchísimo, ¡pues ya está! Si quieres saber más sobre él o por qué son 200 mil años, te recuerdo que Google es tu amigo.

el control, para no cagarla demasiado. En cierta medida, la modernidad nos regaló un colchón blandito que amortigua nuestros errores y meteduras de pata, pues no es lo mismo confundirte de cargador de teléfono celular que errar recolectando hongos en el campo para que tu familia coma, o equivocarte de estación al sembrar la cosecha que alimentará a toda tu tribu. El primer error puede incomunicarte unas horas; el segundo, enterrarte junto con toda tu familia, y el tercero mataría de hambre a cientos o miles de personas.

Ante este terror a la incertidumbre, desde cada una de las esquinas del planeta decidimos encontrar las certezas que nos permitieran no errar, vivir más seguros, mejor y por más tiempo. Es evidente que todas las civilizaciones, en especial aquellas que no gozaron de mestizaje cultural, generaron sus propias narrativas de las cosas que les eran importantes; crearon sus relatos, mitos y explicaciones para tener las certezas que les permitieran no errar demasiado. Aun así, nuestra historia es un ejemplo de todo tipo de estupideces y cagadas; no podía ser de otro modo.

Lo que hasta el siglo XX no supimos interpretar como especie, debido a que nos faltaba el conocimiento y la perspectiva necesaria, es que hay dos posibles formas de categorizar nuestra realidad racional. Ese «lo otro» del que obviamente también formamos parte, lo queramos o no. Este detalle es muy importante, así que no lo olvides.

A medida que las distintas disciplinas del conocimiento se fueron especializando, pudimos ver de manera mucho más clara y distinta cada una de las ramas que componen el árbol de las ciencias que intentan dar explicación a las cosas, a «lo otro». Llegamos a la conclusión de que todo el universo de **cosas cognoscibles** constituye un sistema en extremo complejo de relaciones y vínculos con otros subsistemas (sistemas dentro de sistemas) un poco más sencillos; además, descubrimos que al buscar sustratos o simplificaciones nos era más fácil de entender y aprehender sus realidades, aunque aún no seamos capaces de comprender todo lo que esas relaciones y vínculos son capaces de producir.

Debes tener en cuenta que las herramientas del conocimiento no son perfectas, que perdemos información de manera constante, pues se escapa de nuestra razón aún deficiente. Sin embargo, también es cierto que poco a poco nos vamos acercando; incluso puede que llegue el día en que la razón nos permita percibir todos los sistemas como simples, que esa complejidad solo sea el velo de nuestra ignorancia actual.

¡Vico! ¿Cuáles son las dos posibles formas de categorizar la realidad? ¿Y qué significa categorizar?

Perdóname si divago. Voy a aterrizarlo con peras y manzanas por si ya estás agobiándote. Categorizar es ordenar, es poner a cada cosa un nombre concreto y colocarlo en el sitio que estimamos que le corresponde, del mismo modo en que los cuchillos, las cucharas y los tenedores están ordenados en un cajón en la cocina. Así podemos categorizar «lo otro» en dos tipos de sistemas, simple y complejo:

- *Un sistema simple* es aquel en el que conocemos a la perfección los elementos que lo componen y cómo se relacionan entre sí, de tal manera que podemos predecir qué pasará o cómo se desarrollará. Un ejemplo es el motor de combustión de un coche; aunque tenga muchísimas piezas y subsistemas (como el de ventilación, el eléctrico o el hidráulico), sabemos con exactitud cómo interactúan entre sí y qué pasará si aceleramos sin piedad y no le suministramos aceite para mantenerlo lubricado… cosa que descubrí de forma empírica y con harto dolor a los 19 años, cuando no tenía ni idea de esto y destrocé el motor del coche de mi padre.

- Por el contrario, *un sistema complejo* es aquel en el cual, aun conociendo cada uno de los elementos que lo componen (que pueden ser también otros sistemas complejos o simples), no somos capaces de predecir qué sucederá cuando estos elementos interactúen entre sí, ni el resultado final de las relaciones que se establecen en él. Un ejemplo típico es la meteorología: aunque sepamos por qué se producen los relámpagos, cómo oscilan las presiones, o el funcionamiento de la trasferencia de calor por convección, no hay meteorólogo que no haya quedado mal más de una vez al pronosticar una tarde soleada, solo para que horas después el cielo se rasgara y diluviara.

Seguro te estarás preguntando qué demonios tiene que ver la ética con todo esto. Haz un esfuerzo y trata de adivinar a cuál de las dos categorías de sistema nos adscribimos los animales humanos… ¡Exacto! Cualquier sistema en el que el factor humano esté involucrado será un sistema complejo. Y aunque llevemos más de 2500 años estudiando todo lo que tiene que ver con nosotros desde disciplinas como la filosofía, la historia, la antropología, la medicina, la psicología, la sociología, las ciencias políticas, la química, la biología y las que se me hayan quedado atrás, no somos capaces de predecir qué sucederá cuando interactuamos entre nosotros, ni cuál será el resultado de las relaciones que se establezcan. Lo que sí sabemos es que a esta relación la llamamos política, y al modo en el que lo hacemos lo llamamos ética.

¿La moral hace todo más simple?

Como diría el buen fraile Guillermo de Ockham, mientras enarbola su famosa navaja: «En igualdad de condiciones, la explicación más sencilla suele ser la más probable».

Es cierto que este principio de economía es algo que solemos aplicar sin darnos cuenta; además, se trata de una de esas sentencias filosóficas con las cuales todo el mundo esboza una media sonrisa y con la nariz en alto responde cosas como: «Pues no hace falta ser un filósofo o un sabio para pensar eso».

Quizá no le falte razón a quien así lo diga o lo piense, pero no me negarás que sí hace falta tener, al menos, unos mínimos conocimientos teóricos bien asentados para aplicarla de la manera correcta. Por ejemplo, ante la pregunta de por qué el hombre no ha vuelto a la Luna en casi 50 años, una mayoría bien nutrida sencillamente deduce que en realidad el hombre nunca pisó nuestro satélite y que todo fue un engaño de los Estados Unidos... en vez de tomarse la molestia de estudiar un poco de historia y ciencia para descubrir que no era tan fácil engañar a todo el planeta y mucho menos a la extinta Unión Soviética. Así, después de esta derrota (y humillación) en la carrera espacial, y del logro estadounidense de ser los primeros en clavar la bandera con las barras y estrellas en el regolito selenita, ya no fue necesario volver a pisotear la Luna una séptima ocasión... ¿O acaso creías que solo se había ido una vez?

Es evidente que como sociedad, desde que comenzamos a profundizar en el conocimiento de todo lo relativo al «animal humano», siempre hemos intentado simplificar las cosas para entenderlas mejor. Esto se debe a que un sistema complejo siempre nos genera incertidumbre, y cuando esa incertidumbre se cierne sobre cualquier aspecto que nos afecte en lo personal, nos afanamos en darle la solución más rápida posible; aquella que más nos convenga y satisfaga en ese preciso momento.

Si te fijas bien, mi ávido lector, de nuevo aparece el actor que convierte en complejo todo lo que tocamos. La simplificación estará entonces condicionada por el aquí y el ahora, y por todo lo que antes se hizo para darle una solución a ese u otros problemas, lo cual, por obvias razones, nunca es suficiente. A esto último, a todo lo que ya se hizo en el pasado y que catalogamos como experiencia, pero que también actúa sobre el enfoque que les damos a las cosas y sus explicaciones, lo llamamos tradición o costumbre, recuérdalo.

Un factor que suele definir a un sistema complejo es la cantidad de componentes que lo conforman. A mayor número de elementos, más complejo será. Tal vez no sea una regla aplicable a todos los sistemas; no obstante, cuando se trata de sistemas complejos en los que intervenimos nosotros, este aumento en la magnitud de la complejidad es una certeza absoluta. A mayor cantidad de humanos, más complejo e imprevisible es el sistema, pues estos aumentan de forma exponencial la posibilidad de nuestras relaciones, de las que no obtendremos información ni sabremos sus repercusiones, o cómo acabarán.

Si no lo ves muy claro, imagina un colegio. Uno pequeñito, con pocas aulas, como los de los pueblos perdidos en las serranías, donde en un mismo salón hay alumnos de todas las edades. Esto sin duda puede generar roces y algunos problemas, aunque también fraternidad y solidaridad. Ahora imagina un colegio enorme, de esos que hay en las grandes ciudades y donde se hacinan miles de alumnos, debidamente separados por edad, por aptitud e incluso por sexo. Allí decenas de profesores, prefectos y bedeles deberán vigilar de forma constante el buen desarrollo de las actividades. No obstante, en ambos casos siempre habrá todo tipo de incidencias que alteren la normalidad y que no se puedan predecir y evitar, aunque siempre serán más frecuentes cuantos más alumnos haya.

¡Es lógico! A más alumnos, más problemas. Es muy mal ejemplo, Vico.

¿Seguro? Pues fíjate en un rebaño de ovejas. Un pastor con un buen perro puede controlar a un rebaño de 20 ovejas igual de bien que a uno de 500 cabezas. Son más, ¿no? E igual de animales que nosotros. Pero la diferencia es que nosotros somos animales humanos y eso lo complica todo. Ya lo verás.

Tal ha sido la necesidad histórica de disipar la incertidumbre, de intentar predecir qué haremos y, por ende, de predecir el resultado de las relaciones y eventualidades del sistema complejo del que formamos parte, que no faltan ejemplos de las llamadas artes adivinatorias en casi todas las culturas que hemos podido estudiar a profundidad; oráculos, profetas, hieróscopos (que consultan las vísceras de los animales), quiromantes (los que leen las líneas de las manos), oniromantes (los que interpretan los sueños), astrólogos (los que buscan conocer el futuro mirando las estrellas), tarotistas y demás charlatanes de ayer que, en muchos casos, siguen enriqueciéndose hoy gracias a nuestra angustia e ignorancia. ¿Por qué nos pasará? Hasta Isaac Asimov inventó una nueva ciencia en su *Saga de la Fundación*: la psicohistoria, la cual podía predecir las acciones del sistema complejo formado por el gran Imperio Galáctico. Pero eso es otra historia.

Sea como sea, a toda suerte adivinatoria subyace algo de lo que ya hemos hablado sin profundizar: el *determinismo*, es decir, creer que el destino ya está escrito y, por lo tanto, se puede adivinar. ¿Esto quiere decir que, hagamos lo que hagamos, no podremos cambiar nuestro destino? ¿Acaso hacemos las cosas porque es necesario que así suceda? Como ves, determinismo y contingencia se contraponen. Uno es fruto de la tradición, de la costumbre, de la interpretación oportunista e interesada del animal humano que busca minimizar la incertidumbre. El otro, en cambio, es producto de la razón, del pensamiento crítico. Y aunque el pensamiento crítico jamás disipará todo rastro de incertidumbre, sí tiene herramientas para enfrentarla.

Y tú, ¿con cuál de las dos interpretaciones de la realidad te quedas? O como te preguntaría nuestro amigo Guillermo de Ockham: ¿cuál crees que es la más sencilla y, por tanto, probable?

Volvemos.

¿Recuerdas que te dije que te daría un consejo muy sencillo para diferenciar la ética de la moral? Pues vamos allá, a ver si es tan fácil de explicar como pretendo y no acabo enredándote aún más.

¿Y si en un intento de simplificar un sistema complejo compuesto por humanos implementamos una serie de reglas basadas en la generación de pautas más o menos rígidas de la conducta, con el objetivo de estandarizar las relaciones? Estas reglas deberían ser comunes a todos para poder afianzar la estabilidad de dicho sistema y asegurarnos así de desterrar, en la medida de lo posible, la incertidumbre que las propias normas que hemos inventado puedan provocar. Para que nos entendamos: hablo sobre crear un código que diga qué debo hacer y, sobre todo, qué no puedo hacer; que debe ser de obligado cumplimiento para todos los miembros del sistema, en aras de poder dirigir los resultados de las relaciones hacia el punto que más nos convenga.

¿Recuerdas el ejemplo de los dos colegios? En cada uno de ellos habrá una serie de reglas distintas para ordenar cómo se deben hacer las cosas, desde ir al baño, la ropa que deben llevar los alumnos, cómo dirigirse a los profesores, los horarios de los recreos... y la lista sigue *ad infinitum*, dependiendo del tamaño de cada uno de ellos. Y desde luego, a mayor complejidad es de esperar también mayor reglamentación, porque mayores son las posibilidades de interactuar y generar situaciones fuera de control. Claro, puede que también exista otra razón para el aumento de reglas, no nos adelantemos.

De este modo, la ética se nos presenta como un modo de relación natural y *horizontal* que engloba del primer al último animal humano de un sistema, sin distinciones, imposiciones ni juicios de valor. Por consiguiente, este cuerpo de normas ideado, heredado o impuesto como una construcción cultural para regir la convivencia de todos los miembros de un grupo concreto será, por analogía, *vertical*. ¿No? ¿Quién pone las reglas en los colegios? El director o la junta directiva, ¿no es cierto? Aunque estos, a su vez, deben de ceñirse a unas reglas generales impuestas por las distintas instituciones de enseñanza que se encuentran más arriba.

Toda moral es, por tanto, una construcción vertical. Digo «toda» porque es obvio que habrá tantas como distintos sistemas complejos humanos existan o hayan existido sobre la Tierra. Como los muchos tipos de colegios que pueden existir. La ética, por otro lado, es horizontal. Vertical y horizontal. ¿Es fácil, verdad? ¿Todavía no? Bueno, pues a ver si ahora lo entiendes mejor y no maldices el momento en el que te mandaron a comprarte este libro.

Podemos decir, incluso antes de saber qué demonios era un sistema simple o un sistema complejo, que los humanos inventamos esta herramienta a la que llamamos moral para intentar acotar, simplificar y reglar nuestro modo de relacionarnos en función de erradicar la incertidumbre que nos genera la amenaza y el desconocimiento del otro, sobre todo si hemos perdido la capacidad de confiar en él o en ellos. De eso también te hablaré más adelante, si tenemos tiempo.

Lamentablemente, este invento de la cultura humana no es una aplicación de la navaja de Ockham, porque lejos de elegir la teoría más simple para explicar un problema, lo que hicimos fue desarrollar una vía mucho más compleja que el problema en sí. Y aquí nos tienes enredados a ti y a mí, dispuestos a intentar deshacer este nudo de contrariedades morales, aunque muchos sigan empeñándose en llamarlo ética.

Tantas morales como culturas

Tal vez te confunda saber que ética solo hay una, pero morales puede haber muchas. Tranquilo, a los filósofos de la moral y a los teólogos también les ha dado siempre un poco de vértigo. La razón es que esto abre tanto la posibilidad de estudio sobre el tema que podría dar la sensación de ser algo vacío o, peor aún, de estar defendiendo a capa y espada un modelo de moral que puede ser el menos idóneo, demasiado anticuado o simplemente estar sujeto al albur del **devenir**, como la propia existencia humana contingente.

Afirmar que «ética solo hay una» también resulta muy polémico, pues con los años, a medida que hemos necesitado reinterpretar nuestro modo de relación, comenzamos a poner apellidos a la ética. Así encontrarás referencias a la ética de la virtud, a la ética del deber, a la ética práctica y a un montón más, tantas que en el fondo están más cerca de ser sistemas morales que de otra cosa. Eso de mezclar ética y moral es algo que todos hemos hecho alguna vez, por lo que al final acabamos liando aún más las cosas e inventando un sinfín de modelos posibles. No obstante, de las distintas corrientes éticas no hablaremos. Respira, pero no bajes la guardia; aún queda mucho que explicar sobre la moral y las morales.

En realidad, por si se te pasó por la cabeza, no hay modelos erróneos cuando hablamos de morales, ni sistemas buenos o malos por sí mismos. Cada moral siempre ha estado ligada a su espacio, su tiempo y su propia historia, aunque por definición todas ellas siempre se han dedicado a fagocitar y dinamitar al modelo anterior, o al del vecino; todo ello mientras afirman que el suyo es el verdadero, el definitivo o hasta el único merecedor de llamarse moral. Deja que te lo aclare, que ya te escucho resoplar de nuevo.

Moral es una palabra que viene del latín *moralis*, que a su vez deriva del vocablo *mos, moris*, que significa «manera de vivir», aunque debemos traducir *moral* como «referente a las costumbres». Y aunque san Isidoro de Sevilla se empeñara en decir que era la traducción exacta al latín para la palabra griega *ética* (que básicamente significa lo mismo), como ya sabes, la cuota o peaje de la historia está siempre presente en las palabras que no dejan de usarse. Este sobrecoste dotó a la moral de un peso **ontológico** que ha ido aumentando con el tiempo.

De hecho, y para que te explote la cabeza, la ética, desde el punto de vista del academicismo y la especialización filosófica, es la rama de la filosofía que estudia la moral, justo lo que ahora estamos haciendo tú y yo. Por su parte, la moral es ese conjunto de reglas, normas, valores y creencias que intenta regir el comportamiento de los humanos en los diferentes momentos y lugares de la historia. Su objetivo es, por un lado, dar solución a los problemas de turno, mismos que generan quebranto o incertidumbre y, por el otro, mantener el *statu quo*, o bien, la estabilidad de los que mandan a costa de la inmovilidad de los mandados: los sometidos.

Repitiéndome: a lo largo de todo este tiempo, hubo tantos sistemas morales, o morales diferentes, como tantas culturas y civilizaciones distintas, aunque aún no tengo demasiada claridad sobre la posibilidad de que esto siga repitiéndose en un futuro.

Lo que sí suelen tener las morales es una serie de patrones intrínsecos, más o menos comunes, en esa búsqueda de la sociedad perfecta... o por lo menos previsible, controlable y confiable. Te presentaré las características más habituales, y de paso te invito al ejercicio de la autocrítica: a ver cuántas localizas en el sistema moral en el que naciste o en el que ahora convives.

- Todas las morales precisan de *legitimidad* o, lo que es lo mismo, justificar ante los demás por qué tenemos que creer y seguir a pie juntillas esas reglas y no otras. Así pues, casi todas las morales buscan su origen y fundamentación en algo más allá de los límites humanos. De ahí que haya usado varias veces la palabra *costumbre*, pues algo que venga del pasado y se pueda proyectar hacia el futuro da cierta sensación de legitimidad, ¿no te parece? La realidad es que, a pesar de ser muy valiosa, esta *razón consuetudinaria* nunca ha sido suficiente para la mayoría de las culturas, por lo que tuvieron que buscar algo aún más trascendental. ¿Y qué mejor, entonces, que darle carácter divino y así rubricar esa carta de credibilidad con la firma de algún dios enjundioso? Si un dios (o un ángel o profeta que lo representen) te escribe sus leyes en piedra usando su propio dedo, ¿tú no le harías caso?

- Todas necesitan de un *sistema ejecutivo,* o sea, un grupo de personas bien preparadas para imponer las distintas reglas morales al grueso de una población que, aleccionada de forma correcta, las defenderán y promoverán. Hay muchas formas en que estos sistemas ejecutivos se nos presentan, como los grupos de poder o fuerzas vivas encabezados por chamanes, sacerdotes, consejos de ancianos, videntes u oráculos, gurús, santones, profetas, pastores, coaches, druidas, líderes y otros oportunistas. Religiones de todo pelaje, reyes, emperadores y faraones que aseguran haber sido elegidos por los dioses para impartir la ley divina, o políticos iluminados que presumen de hacer todo por el «bien común», como una máxima universal muy oportuna y, por qué no decirlo, populista. Para que recapacites sobre esto, los primeros monarcas de la historia fueron los *patesi* de las ciudades sumerias; según su costumbre, estos eran los representantes de los dioses ante su pueblo y a la vez los administradores del reino.[8]
- Todas tienen que establecer qué está bien y qué está mal, cuáles son sus *valores*, contra qué se posicionan y qué no están dispuestos a tolerar. Si obras bien serás recompensado (pero no en esta vida, tenlo por seguro) o no serás castigado. Pero si obras mal... ¡ay de

8 Durante la dictadura del general Franco en España (1939-1975), este asesino golpista y acomplejado hizo acuñar en las monedas la siguiente leyenda: FRANCISCO FRANCO CAUDILLO DE ESPAÑA POR LA GRACIA DE DIOS. Es menester que sepas que todas las monarquías han pretendido legitimar su estatus aludiendo a la elección que algún dios hizo de su familia para gobernar. De ahí la posibilidad de heredar y, en muchos casos, ser los sumos sacerdotes de sus diferentes cultos, hasta el grado de ser reverenciados como dioses. Existen centenares de casos, búscalos.

ti!, pues de alguna forma te llevarás un buen palo en el lomo, y este, para que lo tengas en cuenta, sí te lo darán mientras estés vivito y coleando, para que tú y los demás aprendan la lección. Así pues, la moral es capaz de prejuzgar, juzgar, culpar, condenar o exonerar a todo el que no obre como se debe.

- Todos los sistemas morales han sido *excluyentes*. Otra forma de decirlo es que cada sistema se cree el verdadero e ignorará, se tragará o despreciará a cualquier otro con el que se cruce o se compare, sean coetáneos o no. Dependiendo del momento histórico, llegará a pugnar con otros modelos, aunque para ello deba justificar la tortura, el asesinato, el desplazamiento o la esclavización selectiva, incluso pese a que su propio código considere que estas acciones son malas o estén prohibidas. Por supuesto, todo será por el bien del sometido.
- Todas las morales están *diseñadas para poder ser burladas*, ¡aunque siempre prediquen lo contrario! Esto permite que, en ciertos momentos, sus miembros se escapen con una licencia tácita del propio sistema o con alguna triquiñuela intelectualoide o burocrática. Esto será mucho más fácil de lograr cuanto más cercano y afín seas al sistema ejecutivo, y casi imposible de esquivar cuanto más abajo estés en la jerarquía social. De hecho, mientras más débil sea tu posición en esta jerarquía, más fuerte será tu condena. ¿Acaso no resulta esclarecedor? Gracias a esta característica sucede algo muy interesante de lo que habrás oído hablar muchas veces: la doble moral.
- Hablamos de *doble moral* cuando alguien actúa al contrario de como se espera que lo haga y aun así mantiene la dignidad de quien actúa de la manera correcta; este es el caso de esos maridos o esposas

que son infieles a sus parejas, pero pregonan cuánto las aman y respetan, aunque todos sepan que lucen más cuernos que un rebaño de antílopes. Recuerda que, cuanto mejor posicionados estén en la escala social, más permisiva será la sociedad ante estos escarceos morales; esto incluye no solo las cuestiones maritales, también la apropiación ilícita de bienes, el abuso de poder, etc. El ejercicio de la doble moral no es entonces una cuestión puntual e individual, como quizá creías antes al acusar a uno o a otro de manera singular; la doble moral es una característica innata de todo sistema moral tal y como lo hemos descrito aquí: una herramienta de un sistema humano complejo. De nuevo, el factor humano tiene esas cosas.

- Aunque lo nieguen de forma categórica, todas están *sujetas al devenir de los tiempos, las circunstancias y a las eventualidades*, de igual manera que siempre son deudoras de su propia historia. Todas ellas se transvaloran de manera recurrente hasta que la civilización se extingue o es fagocitada por otra que impondrá su propia moral, aunque con no poco quebranto, eso es casi seguro. De ahí viene el tópico de la idealización del pasado como algo siempre mejor, sobre todo cuando las cosas en el presente no son de nuestro total agrado porque no asimilamos la transvaloración al mismo ritmo que se produce. En realidad, para que lo apuntes, no todo tiempo pasado fue mejor... solo fue anterior.
- Finalmente, todas las morales tienen sus *detractores*, ya sea conspirando en secreto o sublevándose abiertamente, dependiendo de la rigidez o benignidad de cada sistema. Por eso existen y existirán siempre aquellos a los que llamamos *inmorales*, que actúan mal según el código imperante y se vanaglorian de ello a sabiendas de

que serán sancionados. Y los *amorales*, que reniegan de forma categórica de toda moral y pretenden subvertir el sistema completo de valores que les ha tocado, hasta llegar al autoexilio, al ostracismo o la muerte. Pero ojo: no hay que confundir un inmoral por principios con un delincuente o un criminal. El primero lleva la contraria al sistema y con su acción espera posicionarse y declarar su rebeldía, en aras de reivindicar la necesidad de un cambio; además, asume de forma consciente las consecuencias de sus actos. En cambio, los delincuentes actúan por propio interés, egoísta y dañino, sin más principios que intentar no ser descubiertos ni castigados. Oscar Wilde, acusado y condenado por inmoral en una época muy distinta a la nuestra, decía: «Hay solo una cosa en el mundo peor que hablen de ti, y es que no hablen de ti». Espero que esta genial frase te haga pensar y te incite a querer saber por qué lo condenaron a dos años de trabajos forzados en el penal de Reading.

¿Palomeaste muchas de estas características?

Te tengo que aclarar que, en oposición a lo que pudieras creer, no tengo nada en contra de la moral, o los sistemas morales en general.

Todos debemos mucho a estas construcciones culturales tan humanas y consustanciales a nuestro desarrollo social, pues crearlas y perfilarlas es connatural a nuestra existencia en sociedad. Nos es casi imposible pensar fuera de ellas. Son un intento de hacer más sencilla la vida de las personas, sobre todo cuando la incertidumbre sobre qué nos puede hacer el otro, sea humano o divino, no se basa solo en conjeturas, sino en el dolor de las experiencias previas, sean estas reales o no. El miedo no discrimina.

Aunque con errores de construcción evidentes a nuestros ojos, no exentos de los mismos prejuicios, todas las morales han intentado asegurar la posibilidad de cierta estabilidad, permanencia y progreso, a pesar de que en muchas ocasiones fuese a costa de la vida o el sometimiento de otros. Debes saber que vivir, en cualquiera de las épocas del hombre, nunca ha sido fácil.

Hoy, gracias a las distintas transvaloraciones[9] que nuestro sistema moral ha sufrido en los últimos siglos, podemos ufanarnos de la redacción y defensa de los derechos humanos, de la firma de la Agenda 20/30 de la Unesco, y de muchos otros movimientos sociales en pro de las libertades y la igualdad de derechos y oportunidades para diferentes colectivos (incluso animales, como es el caso del Proyecto Gran Simio). Sin embargo, pregúntate: ¿pensamos que todo esto está bien y es correcto y necesario porque de verdad lo es o porque es un desarrollo lógico del sistema moral en el que vivimos, producto de sus diferentes evoluciones y, por tanto, este influye también en nuestra forma de pensar?

9 Al leer un borrador preliminar de este texto, dos amigos profesores de bachillerato de México y España me pidieron que explicara el significado literal del concepto *transvaloración*. Les dije que más adelante había una definición de *valores* y un ejemplo muy claro de transvaloración, y que cualquier alumno sería capaz de entender por sí mismo que transvaloración era la unión de las palabras *transformación* y *valores*, pero parece que tus profesores tienen menos confianza en ti que yo.

No hay valores universales

Si te quedaste pensando en la pregunta anterior, veamos cómo te puedo ayudar.

Volvamos a la Real Academia Española. Cuando hablamos de etnocentrismo, nos referimos a «aquella tendencia emocional que hace de la cultura propia el criterio exclusivo para interpretar los comportamientos de otros grupos, razas o sociedades». (Lo de «emocional» déjalo en suspenso por ahora).

De esta manera, es muy probable pensar que estos logros sociales son buenos y correctos, porque se producen al amparo de nuestra propia moral y, como tal, esta rige y ordena nuestra cultura y sistema de creencias y valores. O sea que, sin saberlo, estamos afirmando que algo es positivo desde el etnocentrismo. Entonces, ¿esto deja de ser bueno? ¿Lo que es bueno hoy será malo mañana y lo que fue bueno ayer hoy ya no lo es tanto?

¿Acaso las morales son relativas? ¿Ves a qué me refería antes con lo del vértigo de los filósofos morales y los teólogos?

Fíjate, vamos a calentarnos la cabeza un poco más. Habrás oído a muchas personas o colectivos, quizá ya no de tu generación, defender algunas prácticas o cuestiones culturales como, por ejemplo, la tauromaquia; defienden que esta tradición debe mantenerse porque perpetúa la identidad cultural de ciertos países como España o México, amén de otras argumentaciones de corte económico. Sígueme. No fue hasta 1981 que Mauritania abolió la esclavitud. Sí, mil novecientos ochenta y uno. Y no fue hasta 2007 y 2014 que el Parlamento del país africano endureció las penas por esta práctica, equiparándola a los crímenes contra la humanidad, con 20 años de cárcel. Visto lo visto, la humanidad, o una parte de ella, amparó la posesión y comercio de otros seres humanos por casi 200 mil años, hasta abolirla por completo en 1981.

¿Daríamos siquiera la posibilidad de defender la esclavitud a aquellos mauritanos que en 1981 la justificaban como una tradición milenaria de su pueblo que debía ser respetada?[10] ¿Y si la justificaran desde el campo de la economía? ¿Verdad que no? ¿Y si nos hubieran preguntado lo mismo a finales del siglo XVIII? Recuerda que no es hasta 1789, el año de la Revolución francesa, que se firma la Declaración de los Derechos del Hombre y del Ciudadano; con ello se iniciaron los movimientos abolicionistas de manera más activa y efectiva en el con-

10 Al argumento *ad antiquitatem* también se le dice «apelación a la tradición». Se trata de una falacia lógica, la cual trata de afirmar que si algo se hace o se cree desde hace tiempo, será porque está bien o es verdad. Esto lo verás muchas veces; un ejemplo son esos charlatanes que intentan convencerte de que la acupuntura vale para algo más que sacarte los billetes, diciéndote que es un arte milenario de sanación... Sí, claro.

tinente americano, los cuales culminarían en 1888 con el fin de la esclavitud en Brasil (no sin generar un sinfín de guerras, revueltas y quebrantos como la conocidísima guerra de Secesión estadounidense). Aun así, me dirás que no, que si te lo preguntara en esa fecha dirías lo mismo que hoy, pero tienes que recordar que hoy piensas así porque nuestra moral cambió; nuestros valores ya no son los de antes, tampoco nuestro sistema de creencias. Así que te aseguro que, a menos que fueras un iluminado para esa época, ¡casi un inmoral!, pensarías igual que la mayoría de las personas de ese momento histórico. Sin duda, somos hijos de nuestro tiempo.

Ya que no paro de hablar de valores y transvaloración, te estarás preguntando qué son exactamente los valores. Pues llamamos valores a esas conductas o actitudes de nuestro carácter que, dependiendo de cada momento histórico, del lugar del mundo y de las costumbres y tradiciones de cada cultura, se consideran valiosos para la construcción moral de esas sociedades. De ahí su nombre.

Así que no, no son universales. No todas las culturas comparten los mismos valores, ni tampoco una misma cultura los mantiene intactos a través del tiempo, como si fueran reliquias sagradas sobre las cuales levantar una iglesia medieval. Cambian, se transvaloran. Aunque parezca una obviedad, los valores son un reflejo ideal de un modo de pensar y sentir concreto de la mayoría (aquí encaja lo de emocional que hace un momento dejamos en suspenso), siempre contextualizados e intrínsecos a la realidad de cada cultura en un determinado espacio y tiempo, que bien pueden ser décadas, siglos o milenios.

Te pongo un par de ejemplos muy chulos, para que reflexiones sobre lo que te cuento. El primero es un típico ejemplo de transvaloración en un mismo sistema cultural, algo que en su tiempo era un valor, pero ya no lo es.

En las miles de guerras anteriores a la Primera Guerra Mundial, la temeridad individual en el ataque contra el enemigo en el campo de batalla siempre fue un valor respetado a lo largo de la historia y aplaudido por todos. Temerario era aquel soldado arrojado y bizarro, capaz de meterse a la batalla sin casco ni armadura, solo con el acero de su espada entre los dientes; así insuflaba ánimo y valentía a sus compañeros para que lo emularan, a la espera de recibir las mieses de la victoria y a costa, por supuesto, de jugarse la vida de manera irresponsable y absurda (siempre visto desde la perspectiva actual, no lo olvides).

El bueno de Garcilaso de la Vega, gran poeta que introdujo los modos italianos de la poesía renacentista en la cultura hispana, perdió la vida cuando le quebró el cráneo una certera pedrada lanzada desde las almenas del castillo de Le Muy, en Niza, Francia. No llevaba yelmo, y para protegerse usaba una pequeña rodela lenticular, un escudo minúsculo del tamaño de un plato de menú de cantina. El hecho fue tan destacado que el emperador Carlos V, como venganza por la muerte de tan valeroso maestre de campo, mandó pasar a cuchillo a los casi 600 soldados que formaban la guarnición de aquel castillo. Hoy en día, sin embargo, no hay país en el mundo que no tenga contemplada y tipificada la conducta temeraria como una falta o un delito, dependiendo de hasta dónde se la juegue el imbécil de turno. Hoy es todo lo contrario a un valor, porque la protección de la vida prima sobre otros posibles valores, como el patriotismo, la asunción del deber, la entrega, el sacrificio o la autodeterminación individual. Este es, entonces, un ejemplo de transvaloración en una misma cultura a lo largo del tiempo.

Siguiente ejemplo. Este es sobre el choque cultural, casi visceral, que nos puede provocar conocer los valores de otras culturas, situación que echa por tierra nuestra idea de que existen valores universales.

No hay cultura que no tenga su propio rito funerario en el que los familiares y amigos se despiden del difunto y honran su cuerpo enterrándolo, quemándolo, momificándolo, comiéndose sus cenizas o lo que sea... o eso crees por ahora. ¿Te perturba lo de comerte las cenizas de un familiar? Pues sigue leyendo. La muerte es la única constante universal en cualquier cultura humana, y el amor a nuestros familiares, según nuestra moral, pasa no solo por el dolor de su partida, sino por el respeto a su recuerdo y, por extensión, a su cadáver. El rey de Troya, Príamo, padre del gran Héctor, domador de caballos, no dudó hace más de 3200 años en arrodillarse ante el todopoderoso Aquiles y suplicarle que le entregara el cuerpo sin vida de su hijo para poder hacerle un funeral apropiado. Héctor fue llevado a Troya y lo incineraron en una gran pira; recogieron primorosamente sus huesos de entre las cenizas, los envolvieron en telas de color púrpura y, al final, los depositaron en una urna de oro. Una vez enterrada, ahí se estableció el sitio donde se construiría la tumba de Héctor, para que sus seres queridos pudieran llorarlo y recordarlo, igual que hacemos con nuestros muertos hoy, o hicieron los egipcios, los vikingos, los incas...

Sin embargo, en el Tíbet, y también en algunas partes de China y Mongolia, los seguidores del budismo tibetano asumen que, tras la muerte, el alma del difunto se separa del cuerpo y el cadáver, no es más que una cáscara vacía sin relación alguna con el ser querido. Así que, para no desperdiciar el valor material del cuerpo, y siendo uno de los valores de budismo la compasión y la bondad con los animales, descuartizan los cadáveres y los dan de comer a los buitres. Cuando estas aves carroñeras han dejado las osamentas limpias, parten los huesos de sus familiares y los mezclan con grasa y harina para que los animales puedan terminar de darse el festín. A esto lo llaman entierros celestiales o del cielo, pero no tienen nada de sagrado, de ritual o de funeral como los entendemos nosotros; es más parecido a un trabajo de compostaje a base de materia orgánica humana que algún tipo de rito o ceremonia de homenaje y respeto al difunto. ¿Te imaginas qué sentirías si supieras que algún familiar tuyo a quien amabas mucho hubiera acabado así? ¿Y ahora, quién es el temerario que defiende como valor universal el respeto a los cadáveres?

Entonces, ¿todo se vale?

Llegados a este punto, y para no enredarte demasiado, intentaré darte una respuesta rápida, y lo más sencilla posible, al título de este capítulo; se trata de una pregunta que desde hace mucho tiempo trae de cabeza a quienes entienden la importancia real del debate sobre qué es la moral.

Creer que los valores, y por tanto las normas morales basadas en ellos, son universales y constantes en el tiempo y el espacio, otorga una sensación de seguridad a quien las asume de esta forma y así las comparte; le da certeza de estar «obrando bien» porque se atiene a ellas y actúa en consecuencia. No obstante, saber que todo eso que se da por constante y eterno cambia con el paso del tiempo y según el lugar del mundo en el que uno se encuentre puede generar preguntas. ¿Estoy haciéndolo bien? ¿Y si yo estoy mal y son los otros los que están haciendo lo correcto? ¿Y si todos están mal? ¿Y si no existe el bien?

El relativismo, y volvemos al diccionario, «es la teoría que niega el carácter absoluto del conocimiento, por tratarse de un ejercicio individual y por tanto es tachado de subjetivo». Si lo aplicamos al ámbito de lo moral, diremos que es la conclusión de aceptar que no existe una moral verdadera y universal, a la que podríamos llamar objetiva. Por consiguiente, existirían diferentes morales determinadas por el momento histórico, su marco geopolítico, las costumbres particulares y las creencias propias de cada cultura o civilización humana, que podrían entenderse como «subjetivas», dependientes de los humanos que las desarrollaron y vivieron según sus preceptos y códigos.

Para poder ser justos, tenemos que precisar que las morales son relativas por constitución. Pero la prevalencia de la moral (aunque entendidas como diferentes) es una constante fundamental de toda sociedad. Cualquier cultura o civilización que estudiemos presenta un código moral que rige la conducta y el modo de vida de sus integrantes. Aunque este cambie y se transvalore, la presencia de la moralidad es absoluta y, por tanto, universal.

Todo sistema compuesto por animales humanos será ético por definición, pues así nos relacionamos; por consiguiente, también habrá una moral que diga cómo tienen que darse esas relaciones, qué está bien y qué está mal, aunque todas estas percepciones y convenciones cambien y evolucionen. Así que siempre nos acompaña cierta construcción moral a la que de forma genérica podemos llamar universal, aunque, repito por última vez, en cada caso particular sea única.

Y ante las sempiternas preguntas de «¿entonces todo vale?», «¿es que no existen ni el bien ni el mal?», hay que responder con la debida calma y perspectiva.

Que el tiempo sea relativo, como nos dijo Einstein, no significa que podamos hacer lo que nos dé la gana con él; ojalá fuera así, ya habría abofeteado a mi yo adolescente unas cuantas veces. No obstante, hay algo muy sencillo que debes plantearte: que los valores y la moral cambien con las épocas o los espacios geopolíticos no significa que tú vayas a vivir tanto como para ver cambiar de forma dramática las cosas que hoy están bien hasta llegar a un hipotético mañana en el que todo eso sea una abominación de la razón pasada. Aun viviendo estos cambios, los asumirías como naturales, orgánicos y propios; o bien, podrás ser una persona avejentada, conservadora y acrítica que mira al ayer con nostalgia, y poco más. Vivirás cambios, que no te quepa la menor duda, pero con suerte tú también cambiarás, los provocarás y los asumirás como necesarios, como buenos; o quizá no, pero en ese momento poco habrá de importar al mundo más joven lo que opines, sobre todo si estás desarmado y solo te queda el derecho al enfado infructuoso.

Si tienes la suerte de poder viajar a países con costumbres diferentes al tuyo, tendrás que aplicar la de «a donde fueres haz lo que vieres»; de otro modo, lo pasarás mal y sufrirás de manera gratuita, pues por mucho que te empeñes y protestes, por mucho que entiendas que algo no está bien, tú te irás y los oriundos se quedarán haciendo lo mismo que hacían antes de que asomaras la nariz por allí. Si decides ir a vivir a ese otro país, aquí te dejo un valiosísimo consejo desde mi experiencia como expatriado: acostúmbrate rápido a sus tradiciones y modos; de lo contrario, sal corriendo de inmediato, porque estarás en obvia minoría y podrán, con justicia, calificarte de inmoral. Eso sí, si no te importa y quieres ser un defensor de tus valores foráneos en tierra extraña, allá tú. Te deseo toda la suerte del mundo, porque la necesitarás.

Como ves, que la concepción moral de cada cultura sea relativa a su aquí y ahora no significa que aquello de «todo vale» se imponga ni muchísimo menos. Que las concepciones de bien y mal sean relativas no significa que no exista un bien y un mal en cada cultura. Diferente es si estamos dispuestos a tolerarlo o no, porque en un mundo globalizado todo tiende a la adecuación y equiparación con los valores propios. Esto, por supuesto, cuando no es categóricamente imposible; entonces surgen los problemas de ambos lados.

Ejemplos de estos problemas tienes a patadas, y no hablamos de conflictos que esconden intereses económicos detrás, que también son muchos. Hablamos de choques reales de moralidades enfrentadas, como el atentado contra los trabajadores del semanario satírico francés *Charlie Hebdo* el 7 de enero de 2015.[11]

Para poder vivir de forma coherente, por tanto, será nuestra labor entender desde la razón los distintos aspectos de la moral que nos tocó.

Ahí encaja esa definición que te di antes de ética como la disciplina filosófica que te ayudará a entender tu aquí y tu ahora, tus circunstancias y tu contexto vital, recordando en todo momento el primer significado de «conócete a ti mismo». De nada sirve el conocimiento propio si no está en relación con el aquí y el ahora del otro, de sus circunstancias y su contexto que indefectiblemente estará englobado en un contexto general (un sistema complejo) del que tú también formas

11 Tras la publicación de una caricatura satírica de Mahoma, dos personas enmascaradas entraron en la sede de la revista con armas de asalto; dispararon 50 veces al grito de «Alá es el más grande», asesinando a 12 personas. El atentado fue reivindicado por la facción yemení de Al Qaeda como venganza por el honor ultrajado de Mahoma, que, como sabes, es el padre fundador del islam.

parte. Para que la apuntes, esta es una de las posibles definiciones de pensamiento crítico, quizá la más clara y acertada que conozco.[12] Pero de esto, como de otras tantas cosas, hablaremos un poco después.

12 José Carlos Ruiz es un magnífico amigo y filósofo cordobés, ¡y muy joven! Este apunte sobre su edad es para que tengas claro que, a pesar de que vivamos cada vez más deprisa y parezca que nadie piensa salvo tú, hay gente que sigue empeñada en que lo hagas lo mejor posible. Busca, si quieres saber más, sus libros *El arte de pensar* (Berenice, 2018) o *Filosofía ante el desánimo* (Destino, 2021).

La fuerza de la costumbre

YA VAN DIEZ veces, y las que aún quedan, que me refiero a las costumbres o tradiciones como algo decisivo e importantísimo en la fundamentación de las diferentes morales. Y me asaltó la inquietud de que, al ser una palabra tan común, lo mismo la di por sabida sin más.

¿Eres consciente del peso de la costumbre en tu vida cotidiana? ¿Has pensado alguna vez cómo te afecta?

Es posible que ahora estés pensando en cosas inmediatas a ti, ciertas normas de cortesía o algunos hábitos particulares que haces a modo de rito personal, como persignarte al pasar ante una iglesia, o tocar madera ante un pensamiento oscuro y que podría llegar a cumplirse, aunque fuera de manera muy eventual. Eso es más un gesto supersticioso adquirido, no una costumbre entendida como tal. Aunque quién sabe, quizá con el tiempo podría generar una conducta aceptada por toda una sociedad y entonces sí jugaría en esta liga tan especial.

Deja que te ponga otro ejemplo de esos que te ayudarán a aportar un poco de información curiosa e innecesaria en tu próxima reunión social de viernes o sábado por la noche.

Año con año, casi todo el mundo, y en especial los estudiantes, esperan con ansias de libertad las vacaciones de Semana Santa. Sin embargo, todos los años las malditas vacaciones caen en una fecha diferente, a veces en marzo y otras en abril. Si te aburres con frecuencia, quizá te hayas preguntado cómo es posible que, si celebramos el nacimiento de Cristo el 25 de diciembre y esto no cambia jamás (que sí que ha cambiado, pero no lo sabes), la semana que se conmemora su muerte y resurrección siempre sea distinta... ¿O no te lo habías cuestionado nunca?

Es aquí donde, desde el albor de los tiempos, la fuerza de la costumbre se impone en la vida de miles de millones de personas en todo el planeta.

Fue hace unos ocho mil años, en el arranque del neolítico, cuando los humanos empezamos a celebrar lo que ahora conocemos como el equinoccio de primavera: el día exacto en el que el Sol está situado en el plano del ecuador terrestre y los días y las noches tienen la misma duración. (*Aequinoctium* es la conjunción de *aequus nocte*, «noche igual» en nuestro idioma). Esta casualidad astronómica es la que marca el cambio de estación, el fin del invierno y el principio de la primavera en el hemisferio norte. Para nuestros ancestros del neolítico, los primeros en dominar el arte de la agricultura, identificar este momento del año era fundamental para su supervivencia, ya que marcaba tanto el inicio del renacimiento de la vida como el momento de planear las siembras y recolectas para todo el año. Año que, fíjate por donde, arrancaba con esta festividad en prácticamente todos los calendarios de la antigüedad. De hecho, el persa y el indio aún lo hacen.

Así que no es de extrañar que estemos llenos de restos arqueológicos y monumentos más o menos conservados que, ¡qué casualidad!, están diseñados para señalar este día exacto con algún código de sombras o algo por el estilo. Lo mismo sucede con otros días importantes, como el del solsticio de verano. Si ahora mismo estás pensando en ingenieros extraterrestres, acuérdate por favor de Ockham.

Tampoco es casualidad que todas las culturas dependientes de la agricultura desarrollaran relatos míticos para establecer ese día como un suceso crucial y explicar así, de una manera más entendible y asimilable, el porqué de su importancia. Y, ¿qué mejor manera de fijar un día en el calendario que declararlo festivo?

Los griegos decían que ese día Perséfone, la diosa de la vegetación, era liberada de su rapto de seis meses en el inframundo y regresaba con su madre Deméter, la diosa de la agricultura. Los mayas reconocieron esa fecha como un estado de equilibrio para su cosmovisión: la unión entre lo divino y lo humano, el momento preciso del descenso de Kukulkán, la serpiente emplumada, desde el cielo a la tierra; este hecho marcaba el momento exacto de la siembra del maíz, que habría de recolectarse cuando el mismo dios retornara al cielo allá por septiembre. Chufen en chino significa «equinoccio de primavera o vernal», y desde hace cuatro mil años los niños juegan ese día a colocar huevos en posición vertical, ya que el eje de rotación de la Tierra está relativamente más equilibrado en el plano orbital y es más fácil que los huevos se mantengan en esa posición... ¡o eso dicen ellos!

¡Vico, la Semana Santa!

Voy, voy.

Vuelvo a China un momento. Muchos calendarios son lunares, se rigen por las lunas llenas y nuevas, y el chino es uno de ellos. Así que tras el Chufen, la luna nueva será, mira qué originales, el arranque de su año nuevo, su renacimiento, la fecha más importante de su calendario.

Para los antiguos egipcios, la luna también era un elemento fundamental de su tradición; así pues, durante la primera luna llena posterior al equinoccio de primavera se conmemoraba el día que Isis consiguió resucitar a Osiris, quien la dejaría preñada. Así, esa luna llena simbolizaba la más fértil del año, el momento de la siembra en las tierras de cultivo a las orillas del río Nilo.

¡Vico, la Semana Santa!

Ya voy.

¿Y quiénes, según el relato bíblico, eran los esclavos del faraón? Exacto. Gracias al bueno de Moisés, báculo de Dios y libertador de los sometidos, los judíos fueron liberados del yugo opresor de Ramsés y pudieron salir, no sin problemas, de Egipto rumbo a la tierra prometida. Pero ¿en qué momento del calendario crees que ocurrió ese renacimiento de la libertad del pueblo de Israel? En efecto, los judíos celebran su Pésaj, o Pascua judía, la noche de luna llena después del equinoccio vernal. Por si no te acuerdas de las clases de catequesis o no las tuviste, te recuerdo que el enjuiciamiento a Jesús de Nazaret por el Sanedrín (tribunal judío) y por Poncio Pilatos (gobernador romano en Judea) se llevó a cabo durante las celebraciones de la Pascua judía, o eso quiso hacernos creer la Iglesia católica por aquello de solapar los discursos míticos y desplazar una cultura por otra para legitimar un sistema moral sobre otro.

A partir de ese momento, tales celebraciones se rebautizaron como la Pascua cristiana, la cual celebra la resurrección de Jesús. Sí, su renacimiento, como Osiris, como cuando la tierra renace tras el invierno y es el momento de festejar la vida. Esta Fiesta de la Primavera tiene tanta raigambre cultural en todo el mundo y es tan fuerte el peso de la costumbre que, aunque no tuvieras ni idea de esto, tus vacaciones de Semana Santa (esa fecha en la que el mundo cristiano conmemora la pasión, muerte y resurrección del nazareno) siempre estarán sometidas al rito pagano de festejar la primera luna llena tras el equinoccio de primavera. Mira al cielo nocturno esos días y verás cómo es cierto todo esto que te conté: la luna llena siempre aparecerá en las noches de Semana Santa.

¿Entiendes ahora por qué costumbre y tradición son intrínsecos a cualquier construcción moral? La moral, esa reglamentación de nuestro modo de relación, de la ética, siempre necesita concretarse, rellenarse y reinterpretarse desde un relato que la haga entendible y digerible. La costumbre tiene un peso rotundo en esta construcción, nos da una base sobre la cual edificar, entender y proyectarnos a futuro; de una manera sesgada y condicionada, es cierto, pero con margen a ciertas posibilidades.

Sin embargo, además de todo este marasmo de información que te estoy tirando a la cara, hay algo más que tengo que contarte para ir redondeando este ensayo sobre ética, moral y tú.

Una moneda en el aire

SÍ, SIN DUDA ética y moral son diferentes, ahora seguro que lo tienes mucho más claro. No obstante, también es cierto que se nos presentan casi como dos caras de una misma moneda, a la que Aristóteles le sumaría la política, por aquello de incluir un nosotros común desde el principio (¿recuerdas lo de la *polis*?). Pero como no puedo concebir una moneda con tres lados, nos imaginaremos que en el canto de esta moneda imaginaria está grabada la palabra *política*, y todos contentos.

Es posible que, después de tanto rollo, te estés preguntando qué pasó con aquello que dije al principio sobre hablar de ti, y no te falta razón. Pero era necesario plantearte todo esto para poder dar el paso que una aquello de «conócete a ti mismo» con el mundo en el que te tocó vivir.

Podemos representar a la ética como una mesa vacía, ancha, plana y *horizontal*, y a la moral como los distintos platillos y copas llenos de alimentos y bebidas que dejamos caer en ella desde una *vertical* imaginaria. Dependiendo del momento y el lugar del mundo en el que esté la mesa, tú, que debes conocerte a ti mismo, eres quién *decide* qué comer y beber y en qué orden hacerlo. Fácil, ¿verdad?

Ten en cuenta también que podrás *elegir* llevarte a la boca solo aquello que cayó en la mesa justo cuando estabas ahí; nada de aquella otra que ves o intuyes más o menos cercana, y a lo mejor se te antojan más, pero esos alimentos pertenecen a otro rincón del planeta al que nunca irás, o a otra época que no te tocó vivir. Además, sentarte en esa mesa en la que ahora estás conlleva el respeto a unas normas concretas para comer, cómo establecer el orden de los platillos, lo que puedes mezclar y lo que no. Y para colmo, no estás solo, no todo puede ser para ti, y llevarte la comida a tu habitación tampoco es una opción. Aunque nunca falten alimentos y bebidas, dependiendo de cómo se administre su consumo, habrá para todos o solo para unos cuantos glotones, quienes tendrán el privilegio de comer antes que tú; mientras tanto, te quedarás con cara de tonto y muerto de hambre, preguntándote por qué esos cabrones abusones no te dejaron nada si había suficiente para todos.

Sé que el ejemplo es burdo y poco original, pero quiero hacer hincapié en el par de verbos que te marqué en cursiva: *decidir* y *elegir*. Lo demás lo podremos perfeccionar, retomar más adelante u olvidarlo, cómo te dé la gana... ¡Está bien, está bien! ¡Olvídate de la puta mesa! Vamos a lo de *decidir* y *elegir*, que es lo importante. Ya veremos qué hacer con la mesa porque hay algo sin resolver en ese mal ejemplo, que también será un dolor de cabeza para ambos.

Decidir y *elegir* son dos verbos en apariencia sencillos, pero fuertemente cargados de *responsabilidad*. ¿Recuerdas al viejo Ockham y su navaja? Pues *decidir* viene del verbo latino *decidere*, que significa tanto «resolver» como, aquí viene el detalle simpático, «cortar». De las diferentes definiciones de esta palabra hoy en día, la que más nos interesa es aquella que se refiere a «formar el propósito de hacer algo, o hacer una *elección*, tras una reflexión sobre el asunto». Y *elegir*, que también proviene del latín *eligere*, tiene entre sus traducciones originarias la de «deliberación y libertad de actuar», no solo la de «escoger o preferir a alguien o algo para un fin» que propone la Real Academia Española.

Es en este punto donde los diferentes temas que hemos tratado empiezan por fin a unirse, y donde de forma directa entras tú al juego. La decisión y la elección, entendidas ya como sinónimos, son la articulación necesaria entre ética y moral, entre el marco de posibilidades casi infinitas que presenta nuestro modo de relación (la ética) y la concreción del aquí y ahora de esas posibilidades (la moral). Y el que decide, amigo mío, debes ser tú.

No te negaré que la responsabilidad es grande y que, de hecho, la mayoría de la gente jamás se plantea esta acción, solo se deja llevar por la costumbre, transitando por los caminos que otros marcaron antes: por la tradición. Lo mismo que un caballo que vuelve solo al establo. Es una forma de vida muy válida, no lo dudo, pero a mí me recuerda mucho a esa imagen que te describí sobre la multitud que te lleva hacia quién sabe dónde. Sea bueno o malo, es un ir en el que jamás tienes el control de nada y puedes ser presa fácil de los miedos que provoca la incertidumbre.

Por cierto, *decisión* también significa «firmeza de carácter». Pero ten cuidado, no lo confundas con mal genio, terquedad, ser un mamón o con el inmovilismo, o volveremos otra vez al miedo, a la incertidumbre. Te lo explicaré con un ejemplo.

Hace ya algún tiempo, mientras llevaba a un buen amigo a la parada del metro, este me hizo una pregunta que me sorprendió: quería saber si yo me arrepentía de algo. Ahora te lo pregunto yo a ti: ¿te arrepientes de algo que hayas hecho o dejado de hacer?

Me sorprendí porque no me esperaba una preguntan tan profunda en ese momento tan cotidiano y poco trascendental, pero era una cuestión que tenía una respuesta muy fácil. Algo que ya apunté al principio de este ensayo.

«¡Por supuesto que sí!», respondí sin querer generar ningún tipo de falsa expectativa con un silencio de esos que usan los cretinos para darse importancia.

Él me miró algo perplejo. Me dijo que con la gente que él se juntaba, y a la que respetaba, jamás reconocería su arrepentimiento por nada, pues eso podría ser interpretado como un gesto de debilidad. Esta vez me preguntó qué pensaba yo respecto a eso y ahora te lo cuento a ti.

Arrepentirse es la acción de sentir pesar por haber hecho o dejado de hacer algo, y también se puede definir como cambiar de opinión o no ser consecuente con un compromiso. Pero, como hemos visto, los valores cambian: eso que ayer se nos presentaba tan claro hoy ya no lo es tanto. Pretender que en 20 o 40 años sigamos pensando igual y que no quepa el arrepentimiento sobre ninguna de nuestras acciones pasadas es negar la capacidad de aprender, cambiar y evolucionar que el tiempo nos brinda. Es hacer gala de inmadurez y cerrazón, es ser un inmovilista, un reaccionario, una persona acrítica que finalmente, si mirara hacia sí mismo, se descubriría petrificado en sus ideas y en las creencias que heredó, como un ancla inamovible en su propio mundo pequeñito.

En cierto modo, no abrirse a las realidades racionales del mundo, a «lo otro», es ser alguien que decidió no *decidir*, alguien que vive con el miedo inconfesable de descubrir que en realidad no lo está haciendo tan bien como cree. Alguien que no se atreve a reconocer que quizá hace ya mucho que se quedó solo en esta travesía tan complicada de la vida. Aunque no esté aislado de manera física, aunque sienta el calor de otros que como él decidieron aceptar lo que estaba bien en un momento concreto y se aferraron a esa idea como una momia a sus vendajes. Igual que aquellos mauritanos que en 1981 defendían la esclavitud como una tradición milenaria de su pueblo que debían preservar.

Por todo esto, cuando decides hacer algo, o cuando eliges una opción, debes poner todos los medios a tu alcance para que esa elección no sea solo la voz de tu voluntad individual y acrítica, aquel viejo «conócete a ti mismo» malentendido. Esto es demasiado pobre, y acabará cerrando todo tu mundo sobre ti. No es gratuito que en ambas definiciones aparecieran las palabras *reflexión* y *deliberación*, que también debemos entender como sinónimos.

¿Y qué significa esta acción voluntaria y proactiva del reflexionar y el deliberar en el contexto de lo moral? Pues, para cerrar una parte del círculo argumentativo que dejamos abierto muchas páginas atrás, esta acción es la aplicación del *pensamiento crítico* en nuestras decisiones y elecciones, en nosotros mismos, pues no puede ser de otro modo. Así, *nosce te ipsum*, esta vez bien traducido, cobra todo el sentido y el valor que sus autores le imprimieron hace más de tres mil años.

Cuando sepas cuáles son tus debilidades y fortalezas y las reconozcas de igual modo en «lo otro» (que para lo social hemos asumido que son «los otros»), podrás decidir y elegir qué hacer o dejar de hacer de manera crítica. Por tu utilidad y tu valía, reivindicarás tu lugar en la *polis*, la sociedad de la que como animales humanos formamos parte. Solo así se da la posibilidad de existencia del «nosotros». Es decir, dotarás de sentido a tu vida desde la ventana de posibilidades que el aquí y el ahora te brindan.

Pero, ¡ojo! ¿Recuerdas que te he dicho un par de veces que en la decisión y la elección hay una fuerte carga de responsabilidad?

El pensamiento crítico asume la corrección y la rectificación como algo intrínseco a su propia arquitectura, ya sea para pedir perdón o arrepentirte a la luz de una razón que presenta argumentos que no solo se basan en ti y tus circunstancias, sino en los demás y las suyas propias, lo cual obliga a esa rectificación. Pero de igual modo, desde el pensamiento crítico (y no desde la cabezonería o la cerrazón *individual*) también es posible que necesites mostrarte firme en determinadas situaciones, aunque esto conlleve cierta incomodidad, dolor o distanciamiento de otras posturas y personas; y no por ti, sino por la tozudez, intolerancia o acriticismo de los otros. ¿A qué me refiero con este dolor social que puede producirse por mantenerse firme sobre una postura o conclusión desde el pensamiento crítico? Te pongo un ejemplo facilón y seguimos.

Si recuerdas la explicación a la aparente arbitrariedad de la Semana Santa en el calendario, te habrás percatado de que, en la mayoría de las culturas descritas, los conocimientos en astronomía eran suficientes para saber qué era un equinoccio; en la gran mayoría de los casos, la esfericidad de la Tierra era algo tan obvio que no merecía la pena mostrar evidencias al respecto. Desde el siglo VI antes de Cristo, por citarte un caso más que conocido, los griegos ya especulaban con este hecho; fue en el siglo III antes de nuestra era cuando lo establecieron como un algo cierto y demostrado gracias a la medición que el amigo Eratóstenes hizo de nuestro planeta. Por si esto no fuera suficiente, la expedición que inició Fernando de Magallanes en 1519 y que terminó Juan Sebastián Elcano en 1523 circunnavegando la Tierra debería haber dado carpetazo a este asunto.

De hecho, si durante la Edad Media había quien negaba la esfericidad de la Tierra, no era por un planteamiento crítico del asunto, sino por algún dogmatismo basado en una creencia mítica mal interpretada o, directamente, por absoluta incultura. Créeme, pocos que hubieran leído lo mínimo dudaban de este hecho. Pero al día de hoy, cuando damos al derecho de la opinión ajena y a la propia un valor inviolable, muchos son los cenutrios y gaznápiros (por usar insultos medievales que les vienen al dedillo a estos imbéciles) que afirman que la Tierra es plana y exigen ser tomados en consideración.

¡No! Recuerda lo que te dije antes: la decisión y la elección no son un capricho de la voluntad, o por lo menos no deberían serlo. Son acciones desde el pensamiento crítico, y la tolerancia ante la estupidez ajena es, en la mayoría de los casos, contraproducente para todos; incluso si se hace desde la condescendencia o el paternalismo, esto solo inducirá a que estos imbéciles crean que les estás dando la razón y se vuelvan más firmes.

Es por ello que los medios de comunicación hacen un flaco favor al pensamiento crítico cuando sientan a debatir juntos a un astrónomo y a un terraplanista o un astrólogo. Superstición y ciencia juegan en ligas diferentes, y aunque el astrónomo sea el hombre más docto en su materia, no tiene por qué ser un experto en comunicar lo que sabe; mientras tanto, el otro es un charlatán profesional, porque de eso trata su negocio: de engatusar con su verborrea. Así que no, amigos de la televisión, ¡ya no hagan eso!

Es muy importante que tengas en cuenta que, aunque en la parte de mundo que te tocó habitar tengas asegurado el derecho de opinión y de expresarte con libertad, esto no significa que esas opiniones gocen del derecho de ser tomadas en cuenta.

La legitimación de la opinión vertida va de la mano del bagaje intelectual y cultural de quien emite esta opinión. ¿Tomarías en cuenta la opinión de un nazi del Tercer Reich sobre la idoneidad, o no, de que los judíos gozaran de los mismos derechos civiles que ellos? ¿Le creerías a un homófobo ultrarreligioso disertando sobre cómo «curar» la homosexualidad? ¿Prestarías atención a la defensa cerrada del terraplanismo por parte de alguien que presume haber obtenido toda la información de YouTube? ¿Y a un político condenado por corrupto la defensa de su gestión económica? ¿Verdad que no?

¡Qué optimista eres, Vico!

¡Cuánta razón tienes! Pero, por estas cosas, defender el pensamiento crítico te puede costar más de un calentón de gónadas, algún quebranto, una mala amistad perdida o algún cuñado enfadado. Ser responsable, en este caso, es asumir las consecuencias de tus acciones y también de lo que decides no hacer.

Eso sí, nada de esto es realmente aplicable en el mundo de las redes sociales, así que no alimentes a los *trolls*; olvídalos, pasa de ellos, que te valga tres hectáreas de verdolagas las estupideces que ladren. Lo virtual no es real por definición, no te claves entonces, o aquellos que te quieren harán bien en llamarte tonto.

Seguimos, que ya estamos acabando esta parte.

Todo tiene un precio

LA VIDA NUNCA ha sido fácil, eso ya lo hablamos antes y ya lo sabes por propia experiencia. De hecho, el dolor está presente desde el mismo día de tu nacimiento, aunque por suerte no lo recuerdes. La leyenda urbana cuenta que, si hoy te volvieran a salir los dientes, el dolor podría enloquecerte. Así de fuerte es el poder del olvido.

La moral es un intento de ordenación de la vida, pero en ningún caso es una dulcificación de esta.

Tanto duele, que el viejo Epicuro fundó hace 2300 años una escuela de pensamiento basada en huir del dolor (aponía) más que en la búsqueda del placer. De hecho, situaba la tranquilidad del alma (ataraxia) como el mayor y más fundamental de los placeres. De cierta manera entiendo que debe ser relajante no tener asuntos pendientes que mortifiquen tu conciencia, pero de ahí a afirmar que es el placer fundamental estamos de acuerdo en que hay un largo trecho. A mí se me podrían ocurrir ahora mismo mil cosas mucho más placenteras que esa, e imagino que a ti también. A pesar de todo esto, a Epicuro siempre lo tacharon de hedonista, de buscar el placer en cualquier ámbito de la vida, lo cual ya viste que no es el caso. Y si así fuera, ¿qué hubiera tenido eso de malo? ¿Acaso está mal buscar el placer, construir una «zona de confort», como lo llaman ahora quienes se empeñan en que salgas de ella pese al trabajo que cuesta encontrarla?

Epicuro detestaba los sinsabores de la vida pública, de la política, incluso de la familia, porque el roce áspero, la confrontación y la separación de opiniones son comunes cuando se convive con los demás. Debido a este hecho innegable, decidió huir del dolor que le producía lo político, refugiándose en el jardín de su casa. Allí invitaba a todo el que quería y que intuía no le llevaría más dolor para hablar de filosofía, de cómo crear felicidad. Qué hermoso, ¿no?

Algunos autores afirman que Epicuro hizo de la filosofía una forma de vida, y no solo un conocimiento positivo o instrumental. Él afirmaba que había cuatro grandes miedos en el hombre que debían ser afrontados con lo que él llamó el Tetrafármaco,[13] una suerte de ideas encadenadas que se presentaba muchas veces como un pequeño poema. Estos miedos eran: el miedo a los dioses, a la muerte, al dolor y a no encontrar la felicidad.

Estos son los versos a los que me refiero; seguro te parecerán más una adivinanza que otra cosa:

13 Epicuro adopta este nombre de una medicina griega. Era un ungüento que se usaba sobre las heridas abiertas, esperando que facilitara la salida de sustancias perjudiciales para la salud del enfermo. Como su nombre indica, estaba compuesta por cuatro ingredientes.

No temas a dioses,[14]
no te preocupes por la muerte.
Lo bueno es fácil de conseguir,
lo espantoso es fácil de soportar.

Pero no todos podemos refugiarnos en el jardín mientras nuestros esclavos trabajan el campo y hacen las labores domésticas. Tu vida no es así, aunque no faltan casos de reclusión voluntaria en el mundo actual. Ejemplo de ello es lo que sucede en Japón con más de un millón de adolescentes a los que llaman *hikikomori*: jóvenes que deciden encerrarse en sus recámaras durante años. Este fenómeno psicopatológico no se parece en nada al epicureísmo. De hecho, estos jóvenes nipones son suicidas en potencia y deben ser tratados por profesionales. No, en definitiva quedarse encerrado en casa no es ninguna solución.

La cuarentena forzosa por Covid-19 nos hizo conscientes de lo complicado que es permanecer recluido a pesar de estar junto a la familia y gozar de los lujos que cada uno tenga en su domicilio. De los que están en la cárcel mejor ni hablamos. Sí, unos casos son voluntarios, como el de Epicuro, y otros forzosos, pero no me negarás que con una probadita de cuatro o cinco meses de reclusión no tienes bastante como para hacerte una buena idea de lo complicada que es esa opción, y de la disciplina y fortaleza mental que se deben tener para no caer en lo enfermizo.

14 La traducción literal es «No temas a Dios» pero esto te puede llevar a la confusión. Epicuro se refiere a los dioses griegos, no a un solo dios en concreto, por eso lo puse en plural.

Huir así del dolor, concluimos, no es la mejor solución para el común de los mortales, a pesar de que puede haber opciones intermedias, no tan radicales y dramáticas, como recluirte en tu propio mundo interior o en otros de fantasía o virtualidad. No obstante, cuando estos últimos se tornan los más anhelados, vividos y codiciados, volvemos a transitar por terrenos pantanosos. ¿Estás de acuerdo? Al final hablaremos un poco sobre esto, a ver si llegamos a un acuerdo... o no.

Existe una frase que quiero compartir contigo. Recuerdo haberla escuchado alguna vez de boca de mi padre, quien a su vez lo oyó cuando aún vivíamos en Bélgica; en ese entonces yo tendría algo menos de seis años. Cada vez que sufres de manera física o emocional (desde golpearte los dedos de los pies contra la pata de un mueble, hasta experimentar la traición de un amigo, que te despidan del trabajo o reprobar esa materia que casi dabas por superada), los francófonos usan un refrán muy socarrón, pero que en este momento considero cargado de verdad: «Quand on se fait mal on sent qu'on vit». Para los que no dominamos la lengua de Tintín significa: «Cuando nos hacemos daño sentimos que estamos vivos».

¡Qué cabrones! Pero tienen razón: solo se siente el dolor cuando estamos vivos. Volvamos al griego hedonista y a cómo afrontar el dolor que provocan los temores ya descritos. Respecto al miedo a la muerte, sucede algo muy parecido a este dolor y a estar vivo. No debes angustiarte ante la certeza de tu propia muerte porque, cuando este temor te atenaza, estás vivo y no sabes en realidad qué es la muerte; no la has experimentado aún, no la has sentido, no sabes a ciencia cierta si es algo a lo que se deba temer o no, y cuando mueres ya es imposible sentir nada, así que este miedo se debería caer por sí solo. ¡Qué fácil es decirlo, Epicuro! Pero qué difícil es tener el suficiente aplomo intelectual y pensamiento crítico para hacerlo.

La elección moral tiene un costo: es imposible llevarte bien con todos. Así pues, dotar la vida de sentido no está exento de arrastrar una carga adicional de dolor social. Y digo adicional porque, como ya lo hemos hablado, la vida siempre ha sido difícil y cargada de pesares.

Duele ver que la igualdad de oportunidades está condicionada por los apellidos, el género, el color de piel, el código postal, el aquí y el ahora; en definitiva, todo está agravado por la acción o inacción de los demás y por la tuya propia en el tiempo que estás vivo... y hasta puede que siga afectando a los demás después de muerto. Incluso el azar juega un papel que, como ejemplo paradigmático de lo contingente, siempre estará fuera de nuestro control.

Duelen la historia, la tradición, la cultura, el conocimiento y el acceso a él, porque no saber causa dolor cuando caemos en cuenta de la venda con la que vivimos cegados y descubrimos así la causa de este, sufrimos cuando queremos dejar de ser ignorantes, y aún más cuanto más conscientes somos de que jamás dejaremos de serlo, y entendemos que eso que aprendimos, esas sensibilidades adquiridas, es tan difícil de compartir como de vivir con ellas, porque los demás sufren sin saber por qué, y por mucho que queramos ayudarlos no nos creen o no se dejan o no quieren porque no confían en nosotros y tampoco venimos al mundo a mortificarnos y, además, ¿quién nos asegura que tenemos la razón?, y dudamos y volvemos al principio o abandonamos o no lo intentamos más o ¡váyanse todos al carajo de una vez!

Así que por un lado están los miedos, y, por seguir con Epicuro, uno de esos cuatro miedos fundamentales es el miedo al dolor, y la vida causa dolor sí o sí, no es discutible. Entonces, ¿cómo lidiar con el miedo, tan presente como respirar en nuestro día a día? Y si no lo tienes y no sufres, ¿realmente estás vivo?

Intentemos alejarnos de todas estas divagaciones casi **sofísticas**. Es cierto que nadie, ni yo mismo, puede aliviarte el dolor de la vida ni la angustia ante la falta de certezas, que es en realidad el compendio de esos cuatro miedos que el viejo del jardín predicaba. No obstante, al igual que ocurre con el dolor físico en la medicina moderna, sí hay formas de paliarlo sin tener que huir de él, o sin tener que transitar una y otra vez por la vía del cloroformo y la anestesia. (Lo cual sería otra forma de hacerle frente, desde luego, pero también un camino que no lleva a nada mejor ni aporta soluciones, todo lo contrario).

Pronto te hablaré de estos remedios contra el dolor; todavía nos queda meterle mano al significado del miedo, cómo nos jode la vida y cómo hay que afrontarlo.

¿Cómo me afecta el miedo?

El miedo es una de esas emociones primarias que, como la necesidad de seguridad y calor, nos acompaña desde que nacemos. Es esa angustia que sentimos ante una amenaza real o imaginaria. Tiene el poder de aprisionarnos, de inmovilizarnos, y por miedo somos capaces de hacer cualquier cosa.

Esto es muy interesante, pues el miedo puede ser un motor muy útil para la acción; sin embargo, hay que saber por qué senderos transitamos cuando hablamos de actuar movidos por el miedo, y qué somos capaces de hacer sin ser conscientes de ello. Seguro que jamás te habrá pasado por la cabeza ahogar a nadie... Bueno, quizá a mí, pero eso es algo que asumo por el mal trago que a lo mejor te estoy haciendo pasar, aunque en realidad no importe mucho ahora mismo.

Imagina esta situación: estás siendo engullido por la marea hacia mar abierto, donde ya no tocas el fondo con los pies y te encuentras casi sin fuerzas para seguir a flote, agitando los brazos y las piernas. Si alguien fuera a rescatarte, lo primero que esa persona tendría que hacer es protegerse de ti; tendría que evitar llegar por delante tuyo pues, debido al pánico ante el inminente ahogamiento, es más que probable que te sujetes de tu salvador con tanta fuerza que terminarías por inmovilizarlo y hundirlo contigo. Entonces, ambos morirían. Los socorristas aprenden a salvar a los bañistas en problemas sujetándolos por el cuello desde la espalda y jalándolos boca arriba; de este modo, neutralizan la amenaza que supone el miedo a la muerte y así, seguros ambos, pueden nadar hacia la orilla.

Nuestra necesidad de huir ante la amenaza inminente de la muerte es tal que, cuando un edificio arde, la gente se tira al vacío por el miedo de morir achicharrado; en muchos de estos casos, ese salto al vacío solo alarga la angustia los pocos segundos que tardan en estamparse contra el suelo.

Otro sabio, esta vez un contemporáneo y toledano, José Antonio Marina (el cual te sonará si estás leyendo las notas al pie y leíste el prólogo), nos explica de una manera muy sencilla las cuatro reacciones que, como cualquier animal, podemos tener ante el miedo. Añade además una quinta, reservada solo para los animales humanos:

- *Huir*. Esta es una acción que, aunque puede parecer cobarde e incluso desesperada, en muchos casos puede salvarnos la vida, que es de lo que se trata este asunto (siempre y cuando no huyamos de la sartén al fuego, o del fuego al suelo). Los ñus huyen en manada por el Serengueti ante el acoso de los leones; huyen los bancos de peces ante los depredadores que los acechan... y también huyó un profesor de derecho. Recuerdo la anécdota de este profesor al que intentaron asaltar cerca de su facultad y, movido por un pánico que nunca se hubiera podido imaginar, comenzó a correr alejándose de su asaltante, gritando como un desesperado a pleno pulmón. El ladrón, asustado ante esa reacción tan exagerada, salió corriendo en dirección contraria y ahí quedó todo. Esto no significa que el letrado actuara de la forma correcta, pero la necesidad de huir lo cegó, como le sucede a un ñu o a una sardina. Tuvo suerte de que el ladrón no fuera capaz de mantener la calma y le metiera un balazo por la espalda.

- *Hacerse el muerto*. Esto puede parecerte algo raro, pero muchos animales utilizan esta técnica ante algunas amenazas para salvar el pellejo. Algunos ratones, peces, ranas, serpientes e incluso los tlacuaches son expertos en este arte, y hasta segregan una sustancia asquerosa para parecer que, además de muertos, se están pudriendo. Sí, lo hacen por donde te estás imaginado que puede oler peor. Dichos animales optan por esta acción por dos motivos: eliminar la posible amenaza que ellos pudieran suponer para su atacante, y porque un cadáver no siempre es apetitoso; en muchas ocasiones, otras especies recelan de comer cadáveres, debido a las bacterias nocivas que estos pueden albergar en su interior. El famoso comediante español Miguel Gila fue fusilado en diciembre de 1938 por el bando franquista tras la derrota del republicano en un enfrentamiento armado durante la guerra civil española, ocurrido en el pueblo de El Viso, en Los Pedroches, Córdoba. Sin embargo, los soldados encargados de la ejecución estaban tan borrachos que fallaron el tiro; además, al calor del saqueo ni se molestaron en rematar a los fusilados con el tiro de gracia. Así pues, Gila optó por hacerse el muerto toda la noche bajo la lluvia.

A la mañana siguiente descubrió que otro de sus 13 compañeros había logrado sobrevivir. «El miedo se había quedado atrás, en el lugar del fusilamiento; el hambre y el frío me habían dado el valor o me habían quitado la cobardía. Lo mismo da», dijo Gila años después.

- *Atacar*. Muchos animales atacan cuando sienten miedo. Algunos consideran esto como una cuestión de bravura o fiereza, y dependerá del animal y del momento, por supuesto. No obstante, solo el temor puede explicar por qué hay perros que son capaces de lanzarse contra leones o cocodrilos, llegando incluso a hacerlos retroceder si tienen suerte... o a ser la primera comida del día si su instinto les jugó una mala pasada. De hecho, el miedo en el animal humano es la fuente de toda conducta agresiva: miedo a la pérdida, miedo ante una amenaza, miedo a no aceptarnos, miedo a no ser queridos, miedo al dolor (físico, emocional o sistémico). ¿Sabías que en 2012 la Asociación Americana de Psicología publicó un artículo donde correlacionaban las conductas homofóbicas con la homosexualidad? Esto explicaría de forma sustantiva por qué afamados líderes políticos o religiosos, defensores a ultranza del matrimonio entre mujeres y hombres como el único posible, han tenido que renunciar a sus cargos al descubrírseles relaciones homosexuales. Tal fue el caso del reverendo Ted Haggard o del senador de Estados Unidos Larry Craig, quien además fue detenido en el aeropuerto de Minneapolis el 11 de junio de 2007 por «comportamiento lascivo». Es obvio que no todos los que odian a los homosexuales (el odio es una forma de agresión y ataque, no lo olvides) lo son, pero aquí tienes un muy buen tema para debatir o poner en un aprieto a ese amigo o familiar que siempre está mostrando sin pudor su orgulloso desprecio homófobo.[15]

- *Someterse*. Darse por vencido es otra forma de reacción ante el miedo, y aunque podría llegar a entenderse como inacción, créeme que no lo es. Entre los lobos, nos recordaría el propio Marina, la sumisión es fundamental para establecer los rangos de jerarquía en la manada; el macho alfa lo será mientras pueda mantener sometidos a los aspirantes más jóvenes. Es por eso que tu perro, descendiente directo de los lobos, te muestra la panza mientras menea el rabo para que lo rasques, pues acepta su lugar en la jerarquía de tu casa y se somete. Entre los simios, como los chimpancés y gorilas, ocurre algo similar: las demostraciones de poder y agresividad del macho dominante de la manada mantienen a raya a los demás, quienes, atemorizados, se someten y le muestran las manos con las palmas hacia arriba en señal de sumisión y respeto. Quizá aún no has tenido un trabajo formal, eres joven y todavía te queda algo de tiempo para eso. Por eso, tal vez aún no has sufrido en carne propia lo que significa tener un jefe cabrón. Para la mayoría de los habitantes del planeta, tener un trabajo es la única forma de subsistencia posible; una vez que consiguen ese trabajo-salvavidas, lo defienden con uñas y dientes, porque el miedo al desamparo y la angustia ante la pregunta de «¿qué comeremos hoy?» son tan terribles como el miedo a la muerte y al dolor.

15 Te recomiendo que veas la película *Belleza americana* (*American Beauty*, 1999, Estados Unidos). Entre sus hilos narrativos hay uno muy afín a esto que te cuento.

Temerosos, aguantarán lo que sea necesario en ese maldito puesto de trabajo, aunque el jefe que les haya tocado sea el mayor de los villanos del universo. Sí, se someterán, amén de sufrir día a día por estar ahí. Se la pasarán estresados, ansiosos o depresivos, achicharrados, asqueados de la vida y resentidos con el universo. Y cuantas más responsabilidades familiares, sociales y económicas se echen encima, más se someterán, y no debes juzgarlos por ello. Es fácil hacerlo cuando tu única obligación es acabar el bachillerato o la carrera, pero tiempo al tiempo. Seguro que conoces más de un caso así.

Pero, como te decía, el sabio toledano nos dice que existe un quinto comportamiento ante el miedo, que solo nos afecta a los animales humanos. Eso no significa que no actuemos también como en los cuatro casos anteriores; al fin y al cabo, nunca dejaremos de ser animales. ¿Cuál será, entonces, ese quinto modo de actuar tan humano?

- *Hacer lo que uno cree que debe hacer.* ¡Toma ya! ¿Creíste que iba a ser algo fácil? Sí, en efecto, huele a moral, y no podía ser de otro modo. Hacer lo que uno cree que debe hacer es tan complejo como nosotros queramos enmarañarlo, pero ahora ese no es el tema. En este ejercicio de la voluntad, hacer lo que se debe dependerá del aquí y del ahora concreto de cada quien, de sus circunstancias y de aquellas que involucren a los demás, como siempre es el caso cuando se habla de moral. Además, no lo olvides: todo estará siempre englobado en un contexto que nos incluye a todos, a los que tenemos miedo y a aquello o aquel que nos lo provoca.

> Esto significa hacerse con el control de la acción, no someterse al miedo. Será imposible no sentirlo, pero habrá que actuar como si fuéramos inmunes a él, para que la razón, el pensamiento crítico, nos dicte qué hacer. Algunos le llaman a esto «valentía»; no lo confundas con temeridad, por favor. El valiente es el que, aun con miedo, decide huir o quedarse, atacar o someterse, o incluso hacerse el muerto. El punto es que siempre toma una decisión de una manera reflexiva, con carácter, eligiendo la mejor de las posibilidades que se le presentan y no dejándose llevar por el pánico, como hace cualquier otro animal.

Sé que el papel todo lo aguanta y me puedes decir que es muy fácil decir todo esto, pero muy difícil llevarlo a cabo. Estoy seguro de que no te falta razón.

Teniendo en cuenta que los valores se transvaloran, hablemos de la valentía, entendida como actuar con miedo, pero sin aparentarlo y sin dejarse llevar por él. Este valor ha sido muy respetado a través de la historia, especialmente en sociedades como la nuestra: individualista y desconfiada, donde la acción de un individuo ha sido determinante para muchos otros que, paralizados por el miedo, solo hacían caso a sus instintos menos racionales, más acríticos, más animales, y lo único que hacían era huir, hacerse los muertos, atacar ciegamente o rendirse.

Cuando hago la distinción entre nuestras sociedades y otras, es porque el etnocentrismo de nueva cuenta nos induce a pensar que la valentía debe ser un valor universal, porque desde nuestro prisma así nos lo parece y tenemos aparentes evidencias históricas en otras culturas que refuerzan esa idea. Pero ten cuidado, porque esas supuestas referencias históricas también están filtradas por el etnocentrismo. Sin saberlo, verás solo aquello que quieres ver.

Te daré un ejemplo para que lo entiendas mejor.

Cuando pensamos en valentía, nos vienen a la mente imágenes de campos de batalla y soldados jugándose el tipo con espadas, hachas, lanzas, pistolas, ametralladoras, pilotando hábilmente aviones de millones de dólares entre miles de balas y misiles zigzagueantes, y muchas más cosas de ese estilo. Pensamos que estos valientes son comunes a todas las culturas y épocas, del mismo modo en que ninguna de ellas se ha salvado jamás de la guerra (y en esto sí que no te puedo quitar la razón). Pero cuando pensamos en estos ejemplos de valientes guerreros desde nuestro etnocentrismo moral, arropamos también al valiente de otras cualidades como la bondad, la justicia, la lealtad, la clemencia... y en consecuencia pensamos que todos los ejemplos de valientes también deben responder a esto. Tal es el caso de los samuráis que seguían el camino de las siete virtudes del Bushido: justicia, rectitud, compasión, respeto, honestidad, honor y lealtad. ¿No te suena a sistema moral?

¿Recuerdas las características comunes que suelen tener las distintas morales? Occidente, te guste o no, es nuestra cultura, ha pasado por el filtro de su moral a estos personajes japoneses y nos los ha romantizado en exceso. Al igual que la nobleza feudal europea, los samuráis eran una élite social represora y belicista, clasista, despótica, vengativa y traicionera, que conseguía escalar en la sociedad a base de felonías y deslealtades entre clanes que se sublevaban a sus señores u otros clanes dominantes. El samurái podía matar a cualquier campesino sin ser juzgado por ello ni tener que justificar su acción ante su señor feudal, y no por ello dejaban de ser valientes.

¿Verdad que ya no te encaja tan bien el ejemplo con la idea romántica del caballero justo y noble de las películas?

Por eso los valores no son universales, aunque puedan llegar a parecerlo; la concepción que se tiene de estos es diferente dependiendo, otra vez, del aquí, el ahora y de la costumbre o tradición de cada cultura.

Lo sé, lo sé, me estoy repitiendo, pero es en este punto de la universalidad de los valores donde más fricción existe desde que a Sócrates y a Platón se les ocurrió decir que **«bien, verdad y belleza»** eran valores universales. En la actualidad, la corriente filosófica más extendida y conciliadora nos dirá que los valores sí son universales, pero que su interpretación varía dependiendo de la cultura. Y, por supuesto, entonces me dirás que una cosa es ser universal y otra cosa muy distinta es parecerlo, ¿verdad? Aquí tienes un tema de debate muy sustancioso, y con dejártelo apuntado me conformo.

Volviendo al tema anterior, me dirás también que aun si te enfrentas al miedo siendo un valiente, esto no hará más llevadero el dolor social, que es, en resumen, esa sensación de rechazo, de no aceptación e incomprensión que puedes percibir de los demás. También puede que este rechazo provenga solo de algunas personas, que son las que en realidad te importan y afectan, cuando asumes una elección que no les satisface; incluso puedes experimentarlo al ver que el mundo es una mierda, lo cual puede ocurrir a diario, dependiendo del lugar del planeta donde te haya tocado nacer.

Así pues, por muy valiente que seas, parece servir de poco o nada para evitar el golpe de la realidad, incluso si esa elección y la decisión subsiguiente están hechas desde el pensamiento crítico, de una manera consciente y racional, apoyadas en tu carácter y lo que tus fortalezas personales puedan y quieran asumir. De nuevo no te faltará razón, esto no alivia el dolor y lo más probable es que lo incremente; por eso, dentro de poco te mostraré las armas que todos tenemos para mitigarlo.

Mientras, para que no te quedes con las manos vacías, recuerda a Epicuro: actuar con valentía, desde el carácter bien asentado en la razón, siempre te aportará tranquilidad espiritual, sosiego, ataraxia. Comprobarás entonces que actuar de tal modo que tu conciencia se libere de cualquier carga, en medio de este ruido de culpas, aspiraciones y tensiones emocionales, sí puede llegar a ser algo de verdad placentero, aunque se te puedan ocurrir otras mil formas de placeres aparentemente mejores. Por otro lado, el dolor social acaecido tras una elección antojadiza, arbitraria, o siguiendo alguna moda o tendencia, se encuentra muy lejos de la ataraxia, y solo acarrea más dudas, incertidumbre y dolor.

Ya sabes de qué hablo: «¿Habré hecho bien cuando...?».

Hay otros en *nosotros*

Ponte cómodo, por favor, que me puedo poner un poco intenso en los siguientes capítulos.

¿Más, Vico?

Siempre se puede más, sobre todo cuando nos enredamos con las ideas y el pensamiento. Recuerda que somos un sistema complejo.

Fernando Savater es otro gran filósofo contemporáneo, nacido en la hermosa ciudad española de San Sebastián en 1947. Al calor de los hechos ocurridos durante la pandemia de Covid-19 en 2020, declaró a un periódico que «no hay un "nosotros"» y que «las personas no vivimos al unísono». Es decir, lo que existe es una multitud de individuos con diferentes situaciones, intereses y acciones particulares y distintas. No le faltaba razón al buen Fernando.

Si miras con atención a tu alrededor cuando viajas en autobús, en el metro, o paseas por las calles, podrás observar que muy pocas miradas se cruzan con complicidad o siquiera cordialidad. A menos, claro, que se trate de las miradas de aquellos otros malditos que piensan en delinquir a costa de cualquier inocente transeúnte, y que, compinchados, se ponen de acuerdo en cómo y cuándo darle el palo. Entiendo que cueste mucho sentir que existe un «nosotros» en ese momento, o cuando nos cruzamos con nuestros vecinos y no sabemos cómo se llaman, o el nombre de sus hijos, o de los compañeros y compañeras de la escuela o el trabajo.

Sí, cada vez es más complicado sentir ese «nosotros», cada vez pareciera más un «los otros» que se convierte en un «lo otro» que se cosifica, como quien ve un rebaño de ovejas y las señala con el dedo sin darse cuenta de que también a él le ha crecido de más el vellón y pronto le tocará ser esquilado.

Tampoco debemos ser demasiado ingenuos y pensar que todo tiempo pasado fue mejor y que antes sí existía un «nosotros». Esto es algo tan común como cuando crees que los alumnos de cursos anteriores al tuyo entran cada vez más pequeños, que tú no eras así cuando entraste en la escuela. Más bien, pensaremos esto desde la idealización y desde un presente que no se posiciona en las circunstancias y los contextos de ese otro tiempo anterior. Así que no seremos críticos, sino condescendientes con nosotros mismos y nuestros anhelos, y tenderemos a dulcificar un momento y a una gente que no estamos entendiendo en su dimensión correcta, todo a costa de amargar nuestro presente con una comparación **maniquea** y sesgada. Recuerda lo de los samuráis.

Pero siguiendo a Fernando, quiero pensar que en ese sinfín de individuos solitarios que, en algún punto, quieren compartir ciertas experiencias con los demás, fundiéndose en un nosotros efímero (ir al futbol, a conciertos, o a manifestaciones, por ejemplo) o en un nosotros virtual (como las redes sociales), había antes una cantidad considerable de distintos «nosotros», que de forma espontánea y hasta paradójica querían disfrutar de ciertas experiencias placenteras que nos brinda la soledad en sus dosis justas, no la impuesta o la enfermiza, como la de nuestros amigos *hikikomori*.

Me refiero por supuesto a esa otra soledad reconfortante que tan hermosamente nos recuerda el místico Fray Luis de León en su «Oda a la vida retirada», quien allá en el siglo XVI buscaba la ataraxia de la que nos hablaba Epicuro, en la unión espiritual con algo que él consideraba trascendente. En su caso, se refería al dios judeocristiano, uno de entre tantos otros que han nutrido nuestros distintos relatos para simplificar el mundo.

¡Qué descansada vida
la del que huye del mundanal ruido,
y sigue la escondida
senda, por donde han ido
los pocos sabios que en el mundo han sido;
[...]
Vivir quiero conmigo,
gozar quiero del bien que debo al cielo,
a solas, sin testigo,
libre de amor, de celo,
de odio, de esperanzas, de recelo.

Vuelvo contigo ahora mismo. Mientras tanto, vuelve a leer este par de estrofas, despacio, sin prisa, como si tuvieras todo el día libre y no te importara perder unos minutos más.

¿Ya?

Este fragmento tan bucólico no responde a tu realidad, a tu aquí y ahora, aunque sí a tu tradición y por eso lo puedes entender, a pesar de que nuestro sistema moral ya se haya transvalorado de manera sensible. Por eso, si ahora buscáramos ese retiro, ese descanso espiritual que nos una con la naturaleza, el cosmos, o los dioses (para quien en ellos crea), de seguro lo primero que haríamos al llegar a ese lugar sería buscar la señal wifi y atiborrarnos de series en Netflix... incluso si tuviéramos la suerte y el dinero para rentar una cabaña en mitad de los Alpes suizos. De hecho, es posible que también subamos las fotos de nuestra escapada a Instagram, aunque para ver series como zombis ya tengamos el sillón de casa y no haga falta ponerse tan romántico ni gastarse tanta plata. ¿Ves el peso del aquí y ahora?

No dejan de resonar en mi cabeza (y lo comparto contigo para que te suceda lo mismo) esas cuatro palabras de Savater; roncas, pesadas y dramáticas como los primeros acordes de la canción «Black Sabbath», del grupo de metal con el mismo nombre, incluida en su primer disco:[16]

No hay un «nosotros».

Y es que, por si no te has dado cuenta aún, la palabra *nosotros* es fundamental en este librito de ética. Además, fíjate, esta palabra tiene una génesis etimológica maravillosa en nuestro idioma. Quizá te preguntes por qué hay que darle tanta importancia al origen de las

16 Estoy seguro de que esta referencia tan friki y viejuna te queda tan lejana como la invasión de las Galias de Julio César, pero hazte un favor y busca esa canción. Si te gusta, escucha el disco entero, y si también te gusta, ¡bienvenido al maravilloso mundo del heavy metal!

palabras. La explicación es muy sencilla: conocer su etimología nos permite no solo calzar los zapatos de aquellos que las inventaron y saber cómo vivían, sino también meternos en sus cabezas, entender cómo pensaban y razonaban y, por qué no, comprender cómo sentían, a qué le daban importancia y a qué no.

Presta atención: *nosotros* está compuesta de otros dos vocablos de los que no hemos parado de hablar en cada página: *nos* y *otros*. Tal vez te extrañe esta afirmación, pues de «otros» y de «lo otro» sí que hemos hablado, creo que hasta demasiado. Pero ¿y de «nos»? Sí, viene del pronombre personal *nos*, pero lo que quizá no sepas, y este es el giro fascinante de la etimología, es que *nos* también era una palabra usadísima en el castellano antiguo y significa nada más y nada menos que «yo». Sí, tú, de quien ahora estamos hablando. A este uso de *nos* hoy se llama plural mayestático y lo usaban los reyes desde el siglo XIII hasta ya muy entrada la Edad Moderna, que inicia en 1492 como seguro sabes, para iniciar sus documentos: «Nos, Vico II de Isbilia...».

Así que *nosotros*, dilo fuerte y con solemnidad, significa en realidad «yo y otros más», «yo y lo otro», que son «los otros» cuando estamos hablando desde el modo de relación de los animales humanos: la ética. ¡Sí!, qué pesado me pongo, lo siento mucho. Pero seguimos.

¿A qué se refiere entonces Fernando Savater en esas declaraciones tan pesimistas? ¿Acaso está insinuando la desaparición de la ética como modo de relación entre los humanos? Debes recordar que un pesimista, en la mayoría de los casos, no es más que un optimista bien informado. No obstante, Fernando no habla de la desaparición de la ética, pues esto por definición ontológica es imposible y contradictorio: la situación implica una afirmación de un humano hacia otros (de Fernando a un periodista, y de este a sus lectores), lo cual califica como un sistema humano complejo, en el que la ética, como ya repetí 800 mil veces, es el modo de relación entre las partes que lo componen. Por favor, no me dejes decirlo de nuevo.

Para que podamos aprehender lo sustancioso de su afirmación desde el pensamiento crítico y continuar con el hilo de este ensayo, necesito que no pierdas el contexto.

El filósofo vasco nos habla desde la experiencia que se vivió en España durante la cuarentena forzosa a causa de la pandemia del coronavirus. Ya sabes, esa que, dependiendo del lugar del mundo donde te tocara, obligó a unos a permanecer en casa varios meses bajo pena de fuertes sanciones administrativas, como fue el caso de España, Francia, Italia, China, etc. En otros países, sin embargo, esta medida se quedó solo como una sugerencia por parte de gobiernos que, en apariencia, no tuvieron la determinación de ponerse más estrictos, como pasó en Estados Unidos, Suecia, Reino Unido en un principio, México, y demás.

«Las personas no vivimos al unísono», puntualizó Fernando, y aquí aparece un factor muy importante que da sentido a la primera afirmación. Durante la pandemia, aquellos países que impusieron la reclusión domiciliaria obligatoria (se podía salir a comprar bienes de primera necesidad, ir al médico o a trabajar si eras del sector de trabajos esenciales) consiguieron doblegar la curva de contagio más rápido, por razones obvias; por otro lado, las naciones más laxas sumaron en proporción más contagios y muertes que los primeros.

No obstante, a pesar de que durante el confinamiento los habitantes de estos países más restrictivos hicieron gala de su solidaridad, respeto y reconocimiento de la función pública de la sanidad, a pesar de salir a los balcones a animarse los unos a los otros, a aplaudir a sus médicos, servicios de enfermería, policías y ejército, a pesar del optimismo de muchos filósofos y analistas de la realidad que veían en estas acciones una refundación del tejido social y una posibilidad de vuelta a la cohesión y la dimensión más humana de la vida pública... al relajarse la amenaza, y después de frenar el primer y más brutal avance de la enfermedad, los mismos ciudadanos responsables y bien avenidos (ya fuese por convicción momentánea o por temor a las multas) salieron a la calle sin mesura ni control y, amparados por muchas instituciones privadas y públicas que quisieron aprovechar el momento en su propio beneficio político y económico, hicieron lo que mejor hace el animal humano contemporáneo, individualista e idiota: lo que nos da la puta gana desde el más profundo egoísmo y valemadrismo, importarnos un carajo el otro, los otros y hasta la madre que nos parió.

Y así, los logros sociales, por no hablar del número de contagios y muertes, se afearon por culpa de los mismos ciudadanos que semanas antes se daban palmaditas virtuales en la espalda, autocomplacidos de lo bien que lo estaban haciendo encerraditos en casa. Justo desde ahí, desde el ejercicio de una libertad siempre malinterpretada por una sociedad individualista, es desde donde Savater nos recuerda que «no hay un "nosotros"», y al menos en apariencia y haciendo un ejercicio circense de autoengaño, «las personas no vivimos al unísono». Y puntualizo lo de «una libertad malinterpretada» y lo del «autoengaño de no vivir al unísono» porque, a final de cuentas, le pese a quien le pese, todos hicieron lo mismo.

Si todos ejercemos nuestro derecho a la libertad y actuamos desde el más arraigado individualismo, ¿por qué hacemos lo mismo? Al relajarse las leyes eventuales de la cuarentena obligatoria, los españoles, franceses, italianos, etc., salieron en manada a abarrotar sus playas, a festejar con la familia cualquier cosa, a masificar los bares, restaurantes y discotecas, a conciertos y eventos públicos, muy a pesar de las explícitas restricciones de aforo, por aquello de mantener la apariencia de control sobre las posibilidades de contagio. Eso sí, el uso del cubrebocas, mascarilla o barbijo se impuso en casi todos los países del mundo, y entonces algunas decenas de miles de ciudadanos salieron a manifestarse airados y rubicundos por esta medida, misma que consideraban abusiva y despótica, pues atentaba contra su libertad. Y todos salieron juntitos, sin mantener ninguna distancia de seguridad, cantando consignas con una misma voz. «¡Tenemos derecho a respirar libremente!», exclamaban los animalitos.

De nuevo, desde el punto de vista de alguien crítico ante la realidad social fracturada de Occidente, da la sensación de que cada cual hace, cuando puede y le dejan, lo que le da su santa gana, sin el más mínimo respeto y miramiento por los otros. Aunque visto desde fuera, como si fuéramos extraterrestres, ¿no parecería que sí actuamos al unísono, que sí existe un «nosotros» aunque sea de puros idiotas en rebaño reivindicando sus supuestas libertades individuales?

Sí, aquí hay un «nosotros» y, al menos, una acción realizada al unísono, aunque ese «nosotros» y esa acción no sean las que necesitamos para vivir mejor.

Entonces, ¿soy realmente libre? ¿Existe la libertad?

Varias veces hemos hablado de la libertad, en concreto sobre cómo la idea de la libertad es mal interpretada. Y es que se trata de un tema que da para escribir un millar de libros muy, muy gordos y aburridos y, para colmo, no llegar jamás a un acuerdo. Así que voy a intentar no alargarme demasiado y darte la versión resumida y más útil a nuestros propósitos. Si quieres ahondar más, Google es tu amigo; si no te conformas con eso, tu profesor de ética o filosofía estará encantando de mandarte a investigar a la biblioteca.

La libertad como concepto abstracto, como idea persistente o como anhelo espiritual existe con la misma fuerza y peso metafísico que la palabra *felicidad*, pero si intentamos correlacionarlas nos meteremos en un laberinto difícil de sortear; esto se debe a que podemos entender que se puede ser libre, aunque no por ello seremos felices. Sin embargo, ¿se puede ser feliz sin libertad o con poca libertad? ¿Acaso es libertad si está coartada, condicionada o mermada?

Estos temas son un lugar común de debate, de exigencia, de reclamo, de reflexión y, como no podría ser de otro modo tratándose de los humanos, de disparidad de criterios, restricciones y violaciones, estrechamientos de formas y defensas de todo tipo.

Si, como ya es costumbre, acudimos al diccionario, de todas las entradas que encontramos cuando buscamos la palabra *libertad*, la que más sustancia nos aporta es aquella que la define como: «Facultad natural que tiene el hombre de obrar de una manera o de otra, y de no obrar, por lo que es responsable de sus actos». Sí, no está muy bien redactada y se pasa el lenguaje inclusivo por el arco del triunfo, pero si hacemos una mala labor de adaptación filosófica, podríamos releerlo como: «Posibilidad que, por nacimiento, tiene todo animal humano de elegir actuar o no, responsabilizándose de todos modos por ello». ¿Mejor? Sigamos a ver qué tal.

Para ir aterrizando, ¿recuerdas aquel horrible ejemplo de la mesa, la comida y la bebida? Te decía que, con restricciones, podías decidir llevarte a la boca, o no, solo lo que apareciera en tu mesa; no en la de la otra esquina del mundo y mucho menos en la de otra época. Aunque queríamos deshacernos de este ejemplo, aún coleaba algo que aclarar. Pues bien, esto de decidir con restricciones, lo que puede parecer una obviedad, es parte de las estrecheces del concepto libertad, pues lejos de significar qué puedes hacer o no hacer, el aquí y el ahora limitan esta idea abstracta y empiezan a concretarla. Estas condiciones vuelven más estrecho este concepto amplio y alegórico de la libertad, que en un principio se presenta como un infinito de posibilidades; en realidad no es así, por lo menos en lo que a nosotros respecta.

Una de las funciones de la moral es también ajustar el mundo de posibilidades de elección, como ya habíamos visto, y esto afecta de forma directa a la libertad, ya que solo puedes elegir entre un número finito de posibilidades. Claro que ese no suele ser un problema si no eres consciente de ello. Por desgracia, ahora lo eres.

Pero este no sería un libro de ética si no rascáramos un poco más en esa definición de libertad, si no nos detuviéramos a reflexionar en un concepto fundamental que seguro ya te suena: la responsabilidad. Me dirás que ya lo usé cuando hablé de la decisión y la elección, y puede que también lo conozcas debido a las continuas alusiones que, como joven, todo el mundo se cree con en el derecho de hacerte: «¡Tienes que ser responsable!». No te preocupes demasiado, la mayoría de las personas que te lo dicen a diario no saben bien qué significa este concepto y, por tanto, tampoco son tan responsables como creen. Puede suceder también que quien te lo dice no le corresponda hacerlo, porque no te ve como un igual y está proyectando su desconfianza hacia ti, creyendo que no harás lo que se espera que hagas. Además, dentro de unos años y casi por arte de magia dejarán de decírtelo, pues muchas personas creen que responsabilidad y madurez van de la mano. Verán en ti a un adulto y no a un adolescente, y se supone que los adultos son responsables... ¡Ojalá!

Fíjate cómo esta palabreja nos puede quebrar la cadera dependiendo también de cómo la entendamos, si literal o filosóficamente. Si definimos *responsabilidad* tal como todos los diccionarios lo hacen, será entonces «la capacidad de responder sobre los actos cometidos libremente». (Aquí cabe aclarar que también somos responsables por lo que no hacemos; no auxiliar a una persona en peligro suele ser delito en casi todos los países civilizados). Esta definición presenta varios inconvenientes. Para empezar, se cita a sí misma para definirse, porque «responsabilizarse» y «responder por» es lo mismo; es como decir que lo blanco es de color blanco. Una **tautología**, por si quieres usar palabras de esas simpaticonas.

Sin embargo, el mayor problema de esta definición es que alude a algo que ya hicimos o no hicimos, pero no a algo que estamos haciendo, algo que haremos, o incluso algo que dejamos o dejaremos de hacer. De este modo, se deja intuir una laguna en el concepto de responsabilidad, ubicada en el presente y en el futuro, momentos que pueden usarse para aquello de la libertad mal interpretada, pues hasta que haga o no haga tal o cual cosa, no tengo que hacerme responsable de ello. Además, una vez hecho, siempre puedo decir que creí que era lo correcto, que me arrepiento, que es mejor pedir perdón que pedir permiso, o solo pasar de todo y a lo siguiente, que tengo prisa y lo que digan los demás me importa tres carajos.

Entonces, ¿cómo podríamos definir el concepto responsabilidad desde un punto filosófico? Es más, ¿cómo sería desde la ética, desde esa rama de la filosofía que estudia la moral? Si la ética es nuestro modo de relación y la moral ese conjunto de reglas, normas, valores y creencias que intenta regir el comportamiento de los humanos, actuar con responsabilidad es hacer aquello que los demás, los otros, esperan que hagas, asumiendo como propio ese conjunto de reglas, normas, valores y creencias comunes.

Aquí ya no hay lagunas, no está ese hueco para escabullirte en el momento o en el mañana, porque desde la moral siempre sabrás qué se espera que hagas. Si te fijas, hemos vuelto a estrechar mucho más ese concepto de libertad amplio y casi poético del principio.

Quizá me digas que siempre puedes ser un inmoral, un amoral o «ejercer tu derecho» a la doble moral... aunque, bueno, esto último dependerá de tu estatus social. Esto, en efecto, sería un ejercicio de la libertad, pero ¿de verdad crees que eres libre haciendo cualquiera de estas cosas? ¿No crees que es posible que estas acciones sean una posibilidad más del sistema, una de sus características para aliviar presión, para desahogar dolor social y después utilizar a quien así actúe como ejemplo de escarnio o como motor de futuras transvaloraciones? ¿Acaso la encarcelación de Wilde o de Mandela no sirvieron para evidenciar la necesidad de un cambio? En ese caso, ¿estás haciendo un ejercicio real de libertad cuando actúas así? ¿Y qué sucede con los demás cuando no actuamos de manera responsable, cuando no hacemos lo que se espera que hagamos? ¿No hay ninguna ventana para respirar?

Aquí comienza la libertad de otro, bájale

QUIZÁ *RESPONSABILIDAD* Y *deber* sean las dos peores palabras que se pueden escuchar en la juventud, e invitan inmediatamente a cerrar este librito, tirarlo lo más lejos posible y salir corriendo desnudo por la calle agitando los brazos como un molino de viento mientras cantas a pleno pulmón el último éxito del reguetonero de moda, o la «Marcha Imperial» de *Star Wars*, lo que prefieras, mientras una enorme margarita se asoma por tu culo. Lo siento.

No tiene sentido hablar de «libertad mal interpretada» y soltarte el rollo de la responsabilidad si no te hablo también de otro concepto igual de incómodo: el deber. Volviendo a lo de los sistemas complejos, el nuestro, el del animal humano, es un sistema absolutamente interdependiente, relacionado entre sí, y aunque haya partes que en apariencia no se toquen, si al final tiras del hilo verás que también tienen relación y existe algún vínculo de interdependencia, aunque sea por respirar el mismo aire.

Ahora que lees estas líneas, quizá te estés preguntando qué tienes que ver tú con alguien que vive en la otra punta del mundo y que ni se imagina que existes. Pero mira a tu alrededor.

Te pondré un ejemplo tan burdo como el de la mesa: busca los lugares de origen de los objetos más inmediatos a ti, sobre todo aquellos que hayas podido comprar tú. Quizá tus zapatillas deportivas están hechas en Tailandia, tu teléfono en Corea del Sur, o la taza en la que tomas café o té haya sido fabricada cerca de donde vives. Todo esto tiene un valor de mercado y de uso, y la posibilidad de venta motiva a alguien a fabricarlo; este a su vez paga a sus trabajadores y tú compras el producto final para usarlo, para presumirlo o para coleccionarlo, yo qué sé. El asunto es que en tu elección de la oferta a la que tienes acceso mantienes un modelo de negocio que a su vez puede sostener otras posibilidades de redistribución económica, de relaciones mercantiles y sociales y de subsistencia. Así, el dueño de la fábrica se relaciona con otros prestadores de servicios (materias primas, transporte, etc.) y paga impuestos, al igual que tú pagas el IVA al comprar su producto, y quien lo fabrica puede comer mejor y pagar facturas y más impuestos, o quizá viva explotado y estés manteniendo algún sistema semiesclavista sin saberlo... lo que por desgracia podría ser muy probable.

¿Ves por dónde voy? Además, el hecho de que presumas tus nuevos tenis de marca en Instagram puede motivar a otras personas a querer comprarlos, o aborrecerlos y preferir un producto alternativo; como si no fuera suficiente, también alimentas a las redes sociales de material imprescindible para su existencia, con fotos, videos, comentarios... Y podríamos seguir así hasta el aburrimiento.

Te cuento este rollo para hacerte ver que no vives solo; hagas lo que hagas, y desde un punto de vista ético, tus acciones tendrán una serie de repercusiones y consecuencias. En este caso concreto, son interacciones con aquellos con los que compartes sistema, incluso con ese «lo otro» que no es humano, pero que nos permite vivir, como el medio ambiente. Como diría Newton: «A toda acción corresponde una reacción». No obstante, ya que somos un sistema complejo y no mecánico, nuestra inacción, como ya vimos, también tiene una reacción.

Voy acabando antes de que empieces a buscar una hermosa margarita.

Perdóname si estoy muy denso, pero no hay otra forma para hacer que sientas el peso de la responsabilidad sobre tus hombros, y de ahí me voy a agarrar para hablar del deber y su relación con la libertad. Eso sí, respira tranquilo, que no voy a hablarte de Kant... por ahora.

Creo que la palabra *deber* es de las que casi no hace falta definir, pero tal vez esto te ayude a enmarcarla un poco mejor dentro en este desarrollo de ideas. Su origen es latino y dista muy poco de su uso actual, aunque solo si atendemos a su sentido más materialista, que es «deber a alguien o algo», o sea, ser deudor. Así pues, la evolución de esta palabra hasta nuestros días es casi una metáfora. Verás: el diccionario nos dirá que *deber* es «estar obligado a algo por ley divina, natural o positiva» o «tener obligación de corresponder a alguien en lo moral». ¿Verdad que ya te va sonando todo? Si unimos la etimología de la palabra con su definición actual, nos encontramos con esta metáfora de la existencia: «Tienes una deuda moral, por existir aquí y ahora, de hacer lo que los demás esperan que hagas, al igual que ellos la tienen contigo». Si quieres rizar el rizo, recuerda el significado de «nosotros», de «yo y los otros» y de ética.

Los romanos fueron una de las culturas que con más énfasis trabajaron intelectualmente la cuestión de la libertad. Es lógico, porque su motor de producción era, en lo fundamental, mano de obra esclava, así que les convenía tener muy bien estructurados tanto su moral como su código de leyes, esas leyes divinas, naturales y positivas. De hecho, y no te lo tomes a mal, nuestras leyes modernas y parte de nuestra construcción moral se las seguimos debiendo a estos constructores de carreteras y puentes. Sin embargo, algo que los romanos clásicos tenían muy claro era que no podía entenderse el ejercicio de la libertad sin la asunción de los deberes y de los derechos que, como ciudadanos, van aparejados a tu condición, a tu propia existencia.

En el plano moral, esto significa que para hacer uso de esa estrecha parcela de libertad que te tocó, para ejercer tu derecho a decidir y elegir qué hacer o no hacer, no basta con la mera voluntad individual; antes bien, debes cumplir con tu deber para con «los otros». Deber que podemos traducir como «obligación» u «obligaciones morales». El plural es muy importante, en primer lugar porque morales hay muchas, y en segundo porque este deber se comparte entre todos los que participan de estos sistemas.

Este ejercicio del deber será a su vez lo que permita a los demás tener el marco de posibilidades para ejercer sus propios derechos, al igual que tú podrás poner en práctica los tuyos si ellos cumplen con sus deberes como tus iguales. De no hacerlo así y actuar de manera egoísta e individualista, estarás haciendo una mala interpretación de la libertad y jodiendo a los demás por igual.

Esto se resume muy fácil en aquella frase tan usada y atribuida a Santo Tomás de Aquino, la cual seguro has escuchado: «Mi libertad termina donde empieza la de los demás». No estoy del todo de acuerdo con esta frase tan de meme de Facebook, pues creo que podemos compartir el ejercicio de la libertad si entendemos que esa primera persona no tiene por qué estar en singular, que también puede ser un «nosotros». Pero para eso la responsabilidad a secas no es suficiente; necesitaremos de un pegamento social mucho más fuerte que la moral, que el deber y los derechos, algo casi biológico y constitutivo del animal humano, que nos permita hablar en esos términos utópicos.

Todo se trata de confianza

Si ser responsable es hacer aquello que los demás esperan que hagas, hay otra palabra crucial, relacionada de manera muy íntima con esta definición, que te puede ayudar, ¡ahora sí!, a ir cerrando este círculo. Cuando sabes sin dudar que el otro hará lo que esperas que haga, entonces podemos afirmar que confías en él.

Visto desde tu perspectiva, si al actuar haces aquello que los demás esperan que hagas (es decir, si eres responsable), los demás pueden confiar en ti; del mismo modo, tú podrás confiar en ellos porque sabes que harán justo lo que esperas que hagan. Fácil de entender, ¿no?

La confianza es algo tan importante y fundamental como para haber estado presente, sin ser nombrada de forma directa, desde el arranque de este ensayo, con la única intención de no saltarme etapas que son necesarias para entender mejor las cosas y no generarte más confusión. Es por eso que en el siguiente ejemplo intentaré simplificar este macrosistema complejo que formamos los humanos, en función de explicar de la manera más clara por qué la confianza es tan importante cuando hablamos de nosotros y de cómo nos relacionamos.

Imagina un equipo profesional de cualquier deporte, futbol, baloncesto, voleibol, el que quieras. En un equipo deportivo de estas características, todos sus miembros, desde el entrenador hasta el médico, pasando por los jugadores y los encargados de la intendencia, saben qué se espera que hagan, son conscientes de cuál es su responsabilidad con los otros. La vida útil de este equipo no solo se limita al tiempo de juego, también comprende los entrenamientos, las sesiones de fisioterapia, la planeación de las jugadas, la concentración previa a las competiciones importantes, las sesiones de promoción publicitaria y la vida de los miembros más sensibles (los jugadores) en su ámbito privado. Durante esta vida útil, todos deben asumir que cada miembro con responsabilidad en el equipo hará lo que se espera que haga. En otras palabras: todos deben poder confiar en la asunción de la responsabilidad de los otros. Pero esto no siempre sucede así, ¿verdad?

Son por todos conocidos los infinitos casos de pérdida de confianza por parte de sus equipos de muchos deportistas que, simplemente, no asumieron su responsabilidad. Como dicen en el argot deportivo: no respetaron la disciplina del equipo, no respetaron la camiseta. Jugadores que dieron positivo en controles de drogas o se emborracharon la noche previa a una competencia importante, que faltaron al respeto a sus compañeros, a su entrenador, o a la afición de su propio club; directivos que vendieron el resultado de un juego, médicos que doparon a jugadores con o sin su consentimiento; jugadores que decidieron actuar en solitario, desaviniendo órdenes directas de no hacerlo. Todas estas pérdidas de confianza, como sabes, se sancionan con bastante severidad y pueden conllevar hasta la expulsión del equipo; porque no se puede asegurar la buena vida de este, su supervivencia deportiva, ni esperar resultados positivos en las competencias cuando la confianza se ve comprometida.

Este es un ejemplo sencillo de un sistema complejo: por humano, pequeño y muy bien acotado y definido para que puedas entenderlo con facilidad. No obstante, ¿qué ocurre en el resto de la sociedad?

¿Qué sucede cuando se rompe la confianza social, cuando la responsabilidad no es compartida? ¿Hay alguna forma de medir esto? ¿No ves paralelismos si hablamos de tu casa, de tu familia, de tu salón de clase, de toda tu escuela, de tu barrio o calle, del sitio donde trabajas si es que lo haces, de tu ciudad, de una tribu en el Amazonas, de los tripulantes de la Estación Espacial Internacional...? ¿Y si la confianza en los demás, lejos de ser una debilidad como muchas veces habrás oído rebuznar, va más allá de una acción voluntaria y es en realidad un pegamento social fundamental en nuestro modo de relación, tan natural y necesario como mamar cuando nacemos?

Cuando se rompe el nosotros

Hoy en día existen muchos ítems de control y consulta de la población: el PIB (producto interno bruto), los informes PISA (Programa Internacional para la Evaluación de Estudiantes, por sus siglas en inglés), las cifras de desempleo o la temporalidad y precariedad laboral, la longevidad de la población, la mortandad infantil, y decenas más. Todos ellos son útiles para poder analizar y entender estos sistemas que tanto nos gusta formar, aunque, como imaginarás, todos son perfeccionables y siempre se nos escapa información valiosa. Cosas de la complejidad. Estas herramientas de medición nos sirven para hacer un diagnóstico lo más preciso posible de cómo se encuentra determinada sociedad, país o nación, y qué cosas deben o pueden mejorarse.

Pues bien, a mediados del siglo pasado se desarrolló una herramienta para testear un factor muy concreto, inédito hasta el momento, que podía arrojar bastante luz sobre la salud social de un país: el índice de confianza interpersonal. Hoy, pasado el tiempo y tras demostrar su importancia, se aplica en casi todos los países del mundo. Estados Unidos, pionero en este campo, sigue con atención las evoluciones de este índice desde 1968; y pese a ser algo desconocido para muchos, no deja de ser crucial.

El índice se obtiene aplicando una sencilla pregunta a un grupo cuidadosamente seleccionado como muestra representativa de toda la población a analizar: «¿Diría usted que se puede confiar en la mayoría de las personas o que uno nunca es suficientemente cuidadoso en el trato con los demás?».[17]

El resultado de este índice se establecerá dependiendo del porcentaje de respuestas positivas. Así, en el año 2018, México arrojaba un 18%[18] en el índice de confianza interpersonal. Esto es, 18 de cada 100 mexicanos aseguraba que sí se podía confiar en la mayoría de las personas. Y tú, ¿qué contestarías?

Antes de avanzar más o dar una respuesta demasiado rápida e instintiva, me gustaría que analizaras la pregunta a través de todo lo que ya hemos estado hablando hasta ahora en este ensayo machacón sobre ética y moral. Es decir, desde tu propio pensamiento crítico. No te centres solo en lo que piensas y tus circunstancias particulares, ten en cuenta lo propio de quienes te rodean e intenta deducir los porqués de sus diferentes formas de pensar y entender el mundo. Sí, no es fácil, pero con el tiempo y la experiencia seguro que cada vez lo harás mejor y sin que te duela la cabeza.

17 Según algunas fuentes, esta sencilla pregunta fue formulada por primera vez por la controvertida politóloga alemana Elizabeth Noelle-Neumann, quien militó de manera activa en el Partido Nazi, en 1948.

18 Datos del Latinobarómetro del 9 de noviembre de 2018.

¿Dirías, entonces, que puedes saber que «los otros» harán lo que esperas que hagan, recordando que «los otros» son tus vecinos, familiares, compañeros de escuela o del trabajo, o cualquier otra persona con la que te cruzas y, sobre todo, todos aquellos a quienes jamás conocerás y que forman parte de tu vecindad, tu ciudad, tu país...? ¿Te cuesta responder de forma positiva?

Si hiciste un buen ejercicio de pensamiento crítico, a lo mejor llegas al «sí» desde el supuesto de que, a pesar de dar una respuesta afirmativa, los demás no son responsables ni confiables, y con ello cuentas: «Puedes confiar en la reacción de los demás, porque sabes que no harán lo que se espera que hagan desde un punto de vista moral, y esto te permite adelantarte a la situación y controlarla». No está mal para ser la primera vez que te calientas los tornillos de la cabeza.

Pero, aunque tu respuesta sea un «sí» condicionado porque esperas que «los otros» no hagan lo que deberían hacer, esto no es confiar en los demás; en realidad es algo muy triste, porque implica confiar en el error, en la irresponsabilidad común, y en esta situación es imposible vivir bien. Visto así, pareciera que la confianza en la responsabilidad social fuera más una cuestión de fe, o un deseo bienintencionado y casi infantil, más que una realidad alcanzable. Ahora recuerda las palabras de Fernando Savater y sumérgete en la desesperación: «No hay un "nosotros"».

El sustento de la confianza interpersonal es la responsabilidad individual, que en una sociedad sana se eleva a la categoría de responsabilidad social. En cambio, cuando algunas sociedades dan cifras tan desesperadamente malas (entre todos los países latinoamericanos la media no supera el 14%), esta afirmación de Fernando se presenta como un golpe de realidad que convierte ese «nosotros» en un «lo otro», el cual, cuanto más lejos esté de ti, mucho mejor, porque no saber si el otro hará lo que esperas que haga es (y aquí llega el fantasma de las navidades pasadas) vivir en la incertidumbre. Esto podría evitarse si todos pusiéramos a trabajar al pensamiento crítico, pero eso, como ya te puedes imaginar, queda para una minúscula minoría en la que espero que te encuentres.

El miedo hacia «lo otro» o «los otros» es esa angustia frente a una amenaza real o no. ¡Atento!, porque es muy posible que tu vecino, tu compañero de escuela o del trabajo, el señor que compra en la tienda junto a ti o la señora sentada a tu lado en el transporte público, todos esos en quienes no confías porque no sabes qué te pueden llegar a hacer, sientan por ti lo mismo que tú por ellos. Así es, tampoco confían en ti, a pesar de que sabes muy bien que eres una persona digna de toda confianza; pero, claro, eso solo lo sabes tú, y a veces hasta podrías llegar a dudarlo si se te presentaran las peores condiciones. O quizá no, pero al fin y al cabo yo tampoco te conozco.

Como ya te estarás imaginando (porque dependiendo del lugar del mundo desde el que me estés leyendo lo has comprobado), en situaciones excepcionalmente malas, como puede ser un 14% de confianza interpersonal, cualquier construcción moral que ordene la convivencia comienza a desmoronarse, a perder sustento y legitimidad, y deben establecerse otros parámetros de control social mucho más represivos; estos pueden ir desde leyes más específicas para reglarlo todo hasta cuerpos de orden público, como policías y militares, cuya presencia constante en la vida pública te recuerden qué puedes y qué no puedes hacer. Por supuesto, me dirás que estos cuerpos de seguridad, y los legisladores y ejecutivos, también son parte del mismo sistema complejo, también son desconfiados e irresponsables como los demás, y un uniforme de policía o del ejército, una toga de juez o un título de abogado no te hacen Superman. Tienes más razón que un santo, pero no te adelantes, que hay palos para todos.

En estas situaciones que debieran ser excepcionales, los códigos morales sirven de muy poco. En nada ayuda acordar normas y reglas de comportamiento comunes basadas en lo que te dé la gana, así se trate de unos cuantos dioses, la tradición o marcianitos verdes; si el grueso de la población desconfía de los demás, pone en riesgo su sentido de la responsabilidad individual y, por su puesto, de la responsabilidad social y de la asunción de cualquier deber.

¿Para qué hacer lo que se espera que debas hacer si no hay nadie que crea que lo harás? ¿Acaso suena un árbol cuando cae en el bosque si nadie lo oye? ¿Tiene algún sentido ser el único en actuar según dicta la moral en una sociedad que no la respeta? ¿Si nadie respeta moral alguna, son moralmente respetables? ¿Debo respetar a quien no es responsable y, para colmo, cree que yo tampoco lo seré?

Ten cuidado, puede que el etnocentrismo moral te juegue otra mala pasada y te invite a pensar que «así son las cosas», y todos sabemos ya que «el mundo es una mierda». No todas las circunstancias son iguales, al igual que no todos los países lo son. No todas las realidades son la misma mierda, no todas las culturas son iguales a la tuya. Después de aclarar esto, espero que no sigas creyendo que la tuya es la mejor, aun con sus errores manifiestos, y que no la cambiarías por nada. Ten cuidado, porque esto es como no arrepentirse.

Estoy más que seguro que argumentos no te faltarán para defender tu sociedad y tu cultura, pero reflexiona si esa defensa nace del pensamiento crítico o de la emoción. Amar a tu país debe ir ligado a querer perfeccionarlo, hacer de él un lugar mejor para todos, y eso precisa de la crítica productiva, de encontrar sus debilidades y hacerlas ver. Todo lo demás es patriotismo barato y simplón; es creer que tu país es el mejor por el hecho accidental de haber nacido allí, porque nadie elige dónde nace y muy pocos son los que eligen después dónde quieren vivir. La mayoría se conforma con lo que conoce, y como perfectos idiotas creen que es el mejor de los sitios del mundo. Mucho cuidado con los nacionalismos, porque las cosas siempre pueden hacerse mejor si estableces comparaciones.

El 85% de los finlandeses afirma que confía en otro finlandés. ¿Crees que en Finlandia necesiten muchos policías armados en las calles? ¿Tendrán un sistema legal que persiga hasta la mínima infracción y reglamente absolutamente todo, aunque sea tan corrupto que después este esfuerzo legislativo no sirva para casi nada? ¿Habrá riesgo de estafas electorales, por ejemplo? ¿O se podrá comprar una plaza de profesor sin tener siquiera el título? ¿Sabrán los fineses cómo se llaman sus vecinos, o les importará un carajo como a ti? ¿Que qué tiene que ver la sobrelegislación con la falta de responsabilidad y confianza social? ¿De verdad solo te preocupa eso y no el comentario de los vecinos? Está bien, aquí vienen los palos.

«Entre más corrupto es un pueblo, más leyes necesita», decía el historiador romano Tácito. Sé que en esta frase hay algo que puede molestarte muchísimo, y es la palabra *pueblo*. Esto se debe a que esa palabra evoca de manera indefectible a un «nosotros», y cuando hablamos de corrupción siempre pensamos en «los otros», más concretamente en los políticos, o incluso en los policías y militares, dependiendo de qué tan jodido esté tu país. No obstante, recuerda que ambas palabras tienen la misma raíz: *político* viene del griego *polítēs*, que significa «habitante de la *polis*», o sea, ciudadano, como tú y como yo. ¿O de verdad crees que en un país de gente honrada pueden gobernar políticos corruptos? ¿Crees que sí porque conoces más de un ejemplo? Entonces dale la vuelta a la pregunta para que lo veas más claro: ¿crees que en un país de ciudadanos corruptos podría haber políticos honrados?

Corrupción significa, de manera literal, «la acción de romper con lo común», con lo nuestro. Y lo nuestro, lo común, en el plano ético desde el que hablamos, es la moral. Pero si el concepto de lo nuestro, del «nosotros», se diluye con la pérdida de la confianza, entonces aflorarán todas las corruptelas que ya conoces, esas de las cuales nos quejamos con amargura sin asumir nuestra responsabilidad, haciéndonos, por extensión, inconfiables.[19] Cuando esto sucede, pasamos de una sociedad de ciudadanos, de habitantes de la *polis*, a una sociedad de individuos en el peor sentido de la palabra: egoístas, taciturnos, oportunistas, carroñeros, abusivos, egocéntricos, ignorantes..., unos perfectos idiotas.

19 No, no te molestes en buscar esta palabra en el diccionario. No la encontrarás, pero no me negarás que la entiendes perfectamente; así se crean las palabras, ante la necesidad de expresar algo de manera clara y distinta.

¿Y si yo fuera un hipócrita?

Creo que ya quedó muy claro que la confianza interpersonal es, en gran medida, la base de la responsabilidad social, o por lo menos su posibilidad de ser. Sin confianza interpersonal no habrá responsabilidad social; cualquier construcción moral se diluirá, quedará desdibujada y se convertirá en algo amorfo, monstruoso y sin sentido: un terreno inhóspito en el que el ejercicio de esconder las intenciones reales de cada cual se disfrazará de moral y falsos valores.

Por si te suena de algo, es a lo que llamamos hipocresía, el «fingimiento de cualidades o sentimientos contrarios a los que verdaderamente se tienen o experimentan». También podríamos llamarlo doble moral, pero recuerda que este tiene una forma de ser, un soporte dentro de la estructura social. Te presentaré un ejemplo duro y concreto de todo esto y quizá, por única vez en este ensayo, no me morderé las manos para darte una embarradita de mi propia opinión. ¿Por qué? Simple: porque me da la gana. ¿O es que no llevas tú opinando sobre lo que he escrito desde la página número uno? Ahora te toca a ti ser el crítico y, si quieres, rebatirme y establecer una discusión con quien desees.

Hace poco tiempo, en Brasil, que en el año 2018 lucía un patético 4% de confianza interpersonal, sucedió lo que quiero contarte. Como quizá sepas, en este país latinoamericano el aborto voluntario está prohibido, es completamente ilegal y su práctica castiga tanto a la mujer que aborta como al médico que realiza el procedimiento, igual que en la mayoría de los países de esta parte del mundo. Solo se puede realizar un aborto en el país carioca bajo circunstancias muy concretas, tales como el peligro de muerte de la gestante, si el embarazo es producto de una violación, o si el feto presenta anencefalia, una enfermedad atroz que produce malformaciones en el cerebro y el cráneo.

En 2020 saltó a la palestra el caso de una niña de 10 años embarazada por su tío, que llevaba agrediéndola sexualmente desde que la pequeña tenía seis años. El país se incendió como si se tratara de la aparición del mismísimo Satanás. El debate se apoderó de las calles, los medios de comunicación y las redes sociales; todo el mundo hablaba de este caso y exponían de manera libre y sin cortapisas sus «valiosas» opiniones. Pero no esperes que el tema de tanta agitación fueran las muestras de desprecio y condena contra el violador, o la sincera preocupación por la vida y el estado de salud mental y físico de la niña. No.

Estos casos de abuso sexual infantil son más frecuentes de lo que te imaginas, y jamás han movilizado a la opinión pública brasileña, ni a la de ninguno de los países en vías de desarrollo que los sufre. Esto es porque la sociedad los percibe como algo que no debe contarse, demasiado turbio y perturbador de la «buena moral». Además, los trapos sucios se lavan en casa, te dirán. No, el tiro va por otro rumbo.

Tras ordenar un análisis médico riguroso sobre cuál era la mejor forma de preservar la vida de la niña, un juez del Tribunal de Justicia del Estado de Espírito Santo firmó la autorización para que se le practicara un aborto. Fue en ese momento cuando el país convulsionó. El hospital que por proximidad debía encargarse del procedimiento quirúrgico se negó a hacerlo aduciendo falta de preparación, así que la pequeña tuvo que desplazarse 1300 kilómetros para ir a otro hospital que sí estaba dispuesto a hacerse cargo de la intervención. Entre tanto, una activista antiabortista hizo público el nombre de la niña y el del hospital donde la operarían, y para que la chiquilla pudiera entrar en él, tuvieron que esconderla en la cajuela del vehículo en el que viajaba, mientras centenares de opositores insultaban a los médicos del hospital al grito de «¡asesinos!». Algunos políticos fundamentalistas también llamaron asesina a la niña de 10 años abusada desde los seis, y no faltaron las voces que defendían el derecho a la vida como un valor innegociable. Pero pregúntate: ¿el derecho a la vida de quién? Lo cierto es que si se suscitó la polémica, fue porque también hubo miles de personas que mostraron su apoyo a la decisión del juez y, por supuesto, se preocuparon por el bienestar de la víctima, que es de lo que todo esto se trata. Como intuyes, muchos parecían tener dificultades en determinar quién era la víctima.

Por si te lo preguntabas, la policía acusó formalmente al tío de la niña y se le declaró prisión preventiva, aunque no fue capaz de dar con su paradero.[20] Según el Anuario Brasileño de Seguridad Públi-

20 Según informó *El Universal* de México el 17 de agosto de 2020.

ca, cada hora violan en Brasil a cuatro niñas menores de 13 años. ¿Te imaginas la vida de esas niñas en un país donde la moral es un monstruo inhumano que antepone sus ideas egoístas y reaccionarias a la salvaguarda de la vida de las víctimas? No, no te engañes, en una sociedad perfecta el aborto sería residual, mínimo, insignificante, casi innecesario y siempre entendido como un fracaso del pensamiento crítico. Y no me refiero al hecho puntual de abortar, sino a tener que tomar esa decisión.

En una sociedad ideal, ni los mayores ni los menores de edad serían abusados de forma sexual, física o laboral; los niños son niños y deben vivir como tales, jugando y aprendiendo a ser felices, así que, en una sociedad ideal, no habría embarazos por violaciones. En una sociedad perfecta, los embarazos serían planeados y deseados, y los errores o accidentes se subsanarían antes de tener que pasar por un quirófano. En una sociedad perfecta, la educación sexual en los medios de comunicación, en las familias y en las escuelas sería motivo de orgullo social y se vería como una necesidad educativa más, del mismo modo en que se busca difundir noticias veraces, enseñar a usar los cubiertos para comer o impartir matemáticas o filosofía. Los métodos anticonceptivos serían gratis y no habría tabú en usarlos. En una sociedad así, el aborto solo quedaría relegado a los casos de peligro físico o mental de la madre, problemas físicos o mentales del nonato, o que la gestante esté en una situación socioeconómica precaria. Pero, claro, si es una sociedad perfecta no habría pobres... y quizá tampoco ricos.

En una sociedad perfecta no habría que reivindicar el aborto como un derecho sobre el cuerpo, ni como un logro de la lucha feminista, mucho menos como un método anticonceptivo, porque esto es un fracaso manifiesto de la inteligencia, y porque en una sociedad perfecta no estaríamos lastrados por un machismo histórico que envilece cualquier idea de igualdad.

Pero esta no es la realidad del mundo, ¿verdad?, y menos la de Brasil. Así que la víctima, por si aún no te quedó claro, no es otra que la niña de 10 años, y los culpables son el resto de los ciudadanos del país. ¿Cómo, si no, se pueden violar a cuatro niñas por hora y que nada cambie? ¿Aún no ves el monstruo moral que ampara esto, la doble moral hipócrita escondida detrás de este caso?

Solo cuando el modelo social sea perfecto, o mucho mejor que el que ahora sufrimos, es que podremos dar ese paso tan necesario hacia el ensanchamiento del marco de los derechos. Podremos llevar a cabo esa transvaloración hacia un sentido más amplio del respeto a la vida, el mismo que tanto predicaban los que se manifestaban ante el hospital. Sin embargo, no sería desde el individualismo reaccionario, el maniqueísmo o la cerrazón **dogmática** por encima del derecho *de facto* a preservar una vida digna para la víctima que, repito, es la niña abusada por su tío, cosa que ninguno de esos manifestantes parecía entender.

Por cambiar de ejemplo, ¿crees que tendría algún sentido predicar el matrimonio igualitario en una sociedad que no reconoce la igualdad de derechos de los distintos géneros o etnias?

Te lo pongo más fácil, a fuer de herir la sensibilidad mojigata de esos que aún creen en Santa Claus y que las nubes son de algodón de azúcar: ¿crees que esos manifestantes que se rasgaban las vestiduras y se autoproclaman «provida» han movido un solo dedo para incentivar o demandar la creación de algún tipo de campaña educativa y de concienciación social que promueva la lucha contra el abuso sexual infantil y su condena? ¿Crees que dentro de esos cuatro casos por hora están sus hijas? ¿Crees que esos casos se dan por igual entre las clases más desfavorecidas que en las clases pudientes? ¿Se puede acabar con el desamparo infantil sin acabar con la pobreza que brinda el marco de ese desamparo? ¿Están las clases más pudientes dispuestas a igualarse en privilegios con el resto de la población a cambio de proteger los derechos de esos niños, que no son los suyos? Pues claro que no. Por eso es más fácil y lucido protestar ante la puerta de un hospital y gritar «¡asesinos!» a los médicos que pretenden salvar la vida de una niña por orden de un juez, que promover la igualdad de oportunidades, derechos y libertades en un país con decenas de millones de pobres, donde la riqueza solo la acumula el 1% de la población, que es lo que realmente acabaría con todos estos problemas.

Esto, de nuevo, es un ejemplo de doble moral, una doble moral hipócrita y de pose, de postureo en redes sociales y de reuniones entre amigotes con una copa en la mano. Una doble moral institucionalizada en una sociedad podrida, donde existe una clase social privilegiada e invulnerable a la que no le suelen violar a sus menores, y de ser así, entonces sí que capturan rápido al agresor y se pudre en la cárcel, a menos, claro, que se trate de un familiar directo de la víctima.

En la España del franquismo, y aún en los primeros años tras la muerte del dictador, el aborto era algo impensable, inmoral y fuertemente castigado. Las mujeres tenían que acudir a matasanos o curanderos y la muerte era algo común en esos procedimientos. Esto no ocurría con quienes tenían el dinero y la posibilidad de viajar por unos días al extranjero, a Inglaterra para ser más exactos, todo un lujo accesible solo para las clases más pudientes. Los mismos que después encabezaban las procesiones religiosas, los besamanos en las iglesias, los mismos que daban cátedra de dignidad moral y buenas costumbres al resto de la sociedad. ¿A que te suena, y mucho? Duele saber que hay realidades que, dependiendo del lugar del mundo donde vivas, no han cambiado casi nada ni cambiarán en mucho tiempo, ¿verdad?

Como ya nos vamos encontrando cómodos los dos, supongo que quizá tengas algunas preguntas, dudas o negaciones categóricas sobre esta opinión vertida sin pudor. Es bien sabido que la palabra escrita tiene mucho poder y condiciona a quien la lee a asumirla como cosa propia. Por eso te pedía el ejercicio de la crítica para leer este caso. Se trata de un caso tan rotundo que me permitió dirigir muy bien el discurso, pero no todos son tan claros, no todo en la vida es blanco y negro, y es en la escala de grises donde está la responsabilidad al elegir y decidir qué hacer.

Es en esos casos donde la línea entre moralidad e inmoralidad se difumina, es ahí donde el ejercicio de la transvaloración tiene su razón de ser, pero para eso necesitamos un «nosotros».

Piénsalo un rato y seguimos, que lo que viene te va a gustar más.

Individualismo idiota

VAN VARIAS VECES que te dejo caer, como quien no quiere la cosa, la palabra *idiota*. Y ya que me vas pillando el estilo, esto solo puede significar que vamos a hablar de su significado y de su relación con la ética y la moral.

Lo que solemos calificar como insultos, exabruptos, malas razones o palabrotas por lo general encierran un significado primigenio cargado de información que, por aquella cuota a pagar al tiempo, se nos escapa. La palabra *idiota* es uno de estos usos del lenguaje que ha trasvasado su significado a algo tan facilón como un insulto, y no precisamente de los más ofensivos. Es más bien un insultillo que puedes decir hasta con cariño a un amigo que acaba de hacer una tontería sin importancia.

Pero ¿qué tiene que ver con el individualismo, Vico? ¡No me marees más!

Cuando desde lo ético mencionamos al individualismo, estamos hablando de un cáncer que, descontrolado y crecido de sí mismo, como todos los cánceres, rompe cualquier posibilidad de convivencia, de buena vida. Y aquí es donde esta palabra tiene todo el significado del mundo. Ahí te va. *Idiota* es una palabra de origen clásico, griego esta vez, que se usa para referirse a quien no se ocupa de asuntos públicos y solo presta atención a sus intereses privados. Si te fijas, esta definición es, en líneas generales, aplicable también para *individualismo*, aunque a esta última hay que sumarle un poco más de veneno. Según la Real Academia Española, el individualismo es la «tendencia a pensar y obrar con independencia de los demás, o sin sujetarse a normas generales».

Permíteme dártelo un poco más masticado, para que veas cómo encaja en lo que ya hablamos.

Un individualista es una persona que no toma en cuenta a «los otros» (ni a sus circunstancias, ni a por qué piensan como lo hacen) a la hora de elegir o decidir actuar o no, así que lo hará siempre desde un pensamiento acrítico solo condicionado por sus circunstancias particulares y sin atender ni someterse a moral alguna, salvo cuando esta juegue a su favor. Así pues, un individualista no obrará como «los otros» esperan que lo haga, y, por supuesto, tampoco espera que los demás hagan lo que se espera de ellos; de hecho, le da exactamente igual siempre que no interfieran en sus asuntos. Por definición, no solo es un desconfiado, sino un desentendido irresponsable con una moral determinada por su propio interés; no dudará en romper con lo común si estima que le conviene. De este modo, termina por ser también un corrupto en potencia y alguien que gusta del uso de la doble moral. Esto, y no otra cosa, es un perfecto idiota.

Cada vez que en un medio de comunicación o en una red social hablo sobre los problemas que ocasiona el individualismo en nuestra sociedad, me cae una extraña suerte de tormenta de mierda y orines, aceite hirviendo y dardos emponzoñados por parte de aquellos que, desde la ignorancia, confunden la gimnasia con la magnesia, y la individualidad con la libertad y los derechos inherentes a cada ser humano por el simple hecho de existir.

A lo mejor no lo sabes, pero también existe una corriente filosófica llamada individualismo. Ojalá con el advenimiento de la sociedad perfecta, dentro de algunos miles de años (si conseguimos no extinguirnos antes), tenga el sentido que muchos quieren otorgarle ahora.

El individualismo filosófico es aquella idea que defiende la supremacía y la autonomía de los derechos del individuo frente a los de la sociedad y el Estado. Sin embargo, esto es un arma de más de dos filos. Es como invitarte a abrazar a un cachorrito de ojos grandes y hocico húmedo y en su lugar darte un puercoespín.

Sí, suena maravilloso eso de la autonomía del individuo frente a la sociedad, pero, o bien vives en un **barril**, desnudo y sin que te importen un carajo los demás ni lo que te llevarás a la boca mañana, o eres rico de nacimiento. Como sea que intentes aplicar esto en un modelo social humano contemporáneo, te puedes convertir, en el mejor de los casos, en un idiota con pedigrí que se autoesclaviza en pro de una idea fantasiosa y aspiracional que ha proyectado de sí mismo; o en el peor de los escenarios, que es más común de lo que imaginas, te volverás un amoral, corrupto y narcisista, que ni se molesta en justificar sus acciones porque nadie es digno de respirar el mismo aire que él. Si te conviertes en este monstruo idiotizado, pero no tienes poder y eres un fulano cualquiera, tienes un pase: cuando menos no dejarás de ser el típico vecino tocanarices que no respeta a nadie y el que todos desean que se mude muy lejos, pero poco más. No obstante, si tienes algo de poder, serás ese jefe cabrón que somete a sus trabajadores y que pretende comportarse en casa, en la calle o donde esté del mismo modo en que lo hace en el trabajo. Pero ¡ay del mundo si eres el presidente de Estados Unidos! Entonces todos los habitantes del planeta tenemos un problema muy serio. ¿Te suena?

Estos de los que te hablaba, los que tienen a bien insultar y despotricar desde la atalaya invulnerable de un tuit o comentando con un perfil falso con cero publicaciones en Facebook y la foto de perfil de Julio Iglesias apuntándote con el dedo, llegan a entronizar al individualismo como algo valioso que ha conseguido grandes logros sociales, científicos o tecnológicos. Un elemento motivacional que debe sacarnos de nuestra zona de confort y convertirnos en la mejor versión de nosotros mismos. Y para rematar la idea, ven al individualismo como un valor moral digno de emular por todos *¡BOOM!* Créeme que me encantaría que los libros sonaran, para que escucharas la explosión de miles de cráneos y cerebros desparramándose sobre estas páginas.

Y, como si de una aparición mariana se tratara, no solo dan al individualismo un falso valor universal (aunque por definición les importe un cacahuate todos los posibles «otros»), sino que impregnan su discurso con el buen olor y el regusto dulzón de las mágicas palabras *derechos* y *libertad*.

Hablar de derechos, ya sean del individuo, de los animales, de las plantas o de las piedras, siempre suena bien y, en apariencia, es un discurso políticamente correcto que apela a la libertad y la posibilidad de ser felices, o por lo menos de vivir mejor. Pero ten mucho cuidado, recuerda cuando hablamos de qué es la libertad en lo que a los animales humanos atañe, y los sistemas complejos que formamos.

La libertad es un concepto mucho más estrecho de lo que solemos pensar cuando hablamos desde lo ético y, entre sus necesidades para poder ser, está la asunción de los deberes que como cohabitantes de la misma realidad tenemos que cumplir por obligación moral e incluso legal; solo entonces podremos hacer uso de nuestras posibilidades de libertad. Hay otra forma de entender la libertad y quiero explicártela antes de que terminemos de hablar, pero lo dejo para dentro de unas pocas páginas.

Así pues, en la realidad de nuestro mundo exigir derechos desde el individualismo hace muchísimo ruido; no embonan, porque esos derechos llevan aparejados sus propios deberes; si solo te tienes en cuenta a ti y los demás te importan muy poco, ¿cómo cumplir con esos deberes? ¿Cómo exigir esos derechos? ¿Quién sino los otros son los garantes de que puedas hacer uso de tu libertad y esos derechos que exiges, sin los cuales el individualismo no es más que una hermosa fachada sin fondo en un mundo habitado por animales políticos?

Derechos y deberes son condiciones inherentes al **contrato social** que todos firmamos para poder vivir juntos. Son complementarias e indisolubles, por lo que quedarte con uno solo de estos aspectos, a tu gusto y conveniencia, rompe la posibilidad de una sana convivencia. Es esa misma convivencia la que pretende garantizarse mediante ese acuerdo que, sin saberlo, todos firmamos al nacer, y que cambia de cultura a cultura de la mano de sus diferentes sistemas morales.

¿Crees entonces que es posible vivir bien en un mundo donde la idiotez es considerada por muchos un valor, donde el individualismo ha llegado a platearse como un sistema moral que, paradójicamente, promueve no hacer caso de normas generales si estas no se avienen a tus necesidades particulares?

Que el gran **demiurgo** platónico regale algo de seso a aquellos que despotrican desde la sinrazón, porque «lo que la naturaleza no da, Salamanca no lo presta».[21]

Por si lo estabas pensando, este desapego individualista tampoco es la mejor estrategia contra el miedo o el dolor social. No dudo que te pueda librar de él en gran medida por aquello de «ojos que no ven, corazón que no siente», pero también te hace insensible a aquellas otras cosas que nos hacen humanos, como la empatía, el amor o la amistad. Piénsalo unos minutos: ¿crees que se puede ser feliz sin algo de lo anterior?

Ahora sí, llegó el momento de iniciar la cuesta abajo de este ensayo. Ya recorrimos mucho más de lo que nos queda por recorrer, y creo que hemos establecido bastante bien las bases de lo que es la ética, la moral y, en gran medida, de cómo está formada la estructura que sostiene este sistema de relaciones e interdependencias. ¿Se puede ahondar más? Ni te lo imaginas, ¡libros y libros! Pero sin duda, leer esto y ver que quedan menos páginas de las que ya leíste te dará cierto alivio.

Como te adelanté, quedan algunos asuntos por tratar, temas que pretenden cerrar las dudas, incomodidades o perplejidades que hayan podido surgir. De esto hablaremos a continuación. Seguro lo sentirás más cercano, pues de ahora en adelante no podrás librarte jamás de todo lo que aprendiste. Ya verás.

21 Si no has entendido esta frase, tu profe de Filosofía o Ética estará loco por explicártela. Pero te adelanto que te estás perdiendo la argumentación de aquel refrán mexicano maravilloso que dicta: «El título no quita lo pendejo».

EL REMEDIO AL DOLOR Y AL MIEDO

«Nada nuevo sucederá en todo el tiempo que no haya sucedido en el tiempo infinito ya pasado».

EPICURO

La misma ansiedad desde hace miles de años

AUNQUE TE CUESTE trabajo aceptarlo, el mundo se ha hecho pequeño más veces de las que, a lo mejor, sabías. Vivir en la vanguardia del tiempo nos da la sensación de que lo que ahora nos sucede es la primera vez que ha ocurrido; pero tratándose del animal humano, la esencia de las cosas suele ser siempre más o menos similar, aunque los detalles cambien de manera accidental.

Fíjate y compara. Cuando te hablaba de la *polis*, utilizaba intencionalmente un concepto que cuesta mucho entender en su completud (del mismo modo en que sucede con todas las palabras cuya invención no pudimos presenciar).

La *polis* no solo ubica al animal humano y su naturaleza gregaria en una realidad concreta, en su contexto definitorio, como podría haber dicho Aristóteles. Las *polis* fueron el modo de vida y organización sociopolítica que permitió a los griegos del periodo clásico fundar y desarrollar la tradición del pensamiento que tú y yo usamos desde que empezamos a dialogar. Cuando hablamos de *polis* en el sentido histórico y político, hablamos de ciudades-estado independientes que fungían como naciones soberanas, aunque en muchos casos distaran pocos kilómetros la una de la otra.

Todas estas ciudades poseían un ejército formado por sus propios ciudadanos, su milicia. También tenían cada una su forma de gobierno particular, su identidad y orgullo. Así, en algunas podía haber un sistema democrático, como en Atenas, y en otras una monarquía, como sucedía en la vecina Esparta. Eso sí, todas hablaban una lengua común: el griego. Este nexo les permitía olvidar rencillas internas cuando el enemigo exterior amenazaba la Hélade: el nombre que los mismos griegos pusieron a todo el territorio que entendían como propio; de ahí viene el término *helénico*. Todos los que no pertenecían a la Hélade eran bárbaros, no porque fueran unos animales salvajes, sino porque no hablaban griego; a sus oídos, esas lenguas desconocidas se asemejaban a un balbuceo ininteligible: *bar, bar, bar, bar...*

Este, por supuesto, es un ejemplo más de etnocentrismo. Y sí, para qué engañarte: desde la perspectiva de los griegos, los bárbaros eran poco más que unos simples animales.

Este sentido clasista y elitista tan helénico definió su pensamiento, su moral y, por lógica, el marco sociopolítico del periodo que hoy llamamos clasicismo griego. Nosotros somos sus herederos directos, nuestras construcciones intelectuales tienen allí sus raíces.

La *polis* daba sentido a la vida de sus habitantes; fuera de ella no había nada. Tanto fue así que Sócrates prefirió morir antes que perder su estatus de ciudadano ateniense; prefirió acabar con su vida tomando la cicuta que huir y convertirse en un apátrida exiliado y cobarde. Platón y Aristóteles son la referencia universal de la filosofía nacida desde la *polis* y para la propia *polis*. Es importante que lo entiendas bien; en ese entonces el mundo era muy grande y lo habitaban monstruos de muchas cabezas, pero en Atenas, la *polis* por antonomasia, estaban la **mesura**, la **templanza**, el orden y, en definitiva, la **virtud**. Y esto era bueno para ellos.[22]

Luego de que el rey Filipo II de Macedonia hubiera sometido bajo su pie a toda la Hélade, eligió a Aristóteles, el filósofo más reconocido e influyente de su época, para que se hiciera cargo de la formación intelectual de su hijo Alejandro. Ocurrió entonces un importante giro dramático en la historia: en el año 334 a. C. Alejandro cruzó el Helesponto (el estrecho de los Dardanelos que separa Europa de Asia) y comenzó la mayor conquista bélica de la historia hasta entonces conocida. Murió 11 años después, a la edad de 32 años, en la ciudad de Babilonia, como el hombre más poderoso del mundo, el más valiente, el más audaz, el que partió la historia en dos con su espada, como al nudo gordiano. El padre de una nueva época.

La Hélade se desdibujó, perdió sentido y el mundo se hizo más chico. Aquí es donde los historiadores ponen el punto de arranque al periodo helenístico, que se extenderá hasta la Roma de Julio Cesar y Cleopatra. El pensamiento helénico se expandió por todo el territorio conquistado por Alejandro el Grande, y de las *polis* se pasó, en pocos años y sin apenas transición, a la *cosmópolis*.[23]

22 ¿Recuerdas que al principio te pedí que subrayaras una frase y doblaras el pico de la página? Ahora estaría bien que releyeras aquel capítulo para entenderlo todo mejor.

23 Aunque usamos la palabra *cosmópolis* para denominar a una ciudad muy grande, el sentido original de esta palabra es el ser «cosmopolita», tal como respondió Diógenes Laercio cuando le preguntaron su origen: «Soy cosmopolita», que es como decir «soy ciudadano del mundo».

Uno ya no era ciudadano de tal o cual ciudad, era ciudadano del mundo.

Las diferencias entre griegos y bárbaros se diluyeron; perdieron su sentido diferenciador a fuerza de la conquista bélica y cultural, pues toda conquista conlleva mestizaje en mayor o menor grado. El ciudadano dejó de deberse a la polis, en el sentido original de «conócete a ti mismo», y apareció un nuevo concepto que solo podía darse desde el cosmopolitismo: el individualismo.

Y con el individualismo llegó la incertidumbre, el miedo y el dolor.

Las ciudades-Estado independientes perdieron su estatus de soberanía política y económica, y fueron los gobernadores impuestos por el propio Filipo II tras la conquista quienes se hicieron cargo de gobernarlas. La famosa democracia ateniense fue suprimida en el año 322 a. C.

El ciudadano, ese concepto fundamental de la filosofía clásica, ya no tenía que volcar su acción en una ciudad que ahora le parecía indefinida; de esta manera, el aspecto virtuoso de pertenencia que le daba sentido a su conducta perdió toda su fuerza y significación. Su moral mutó rápidamente, igual que los valores sobre los que se asentaban. Sócrates, Platón y hasta el propio Aristóteles quedaron relegados a una especie de burbuja intelectual sin sustento, sin una razón para existir.

El mundo comenzó a girar más rápido, sin mesura aparente, y los cosmopolitas, bombardeados por las miles de sorpresivas posibilidades que brindaba el nuevo mundo, se sintieron arrastrados por su aquí y su ahora, como quien, atrapado entre la muchedumbre siente que sus pies ya no tocan el suelo. ¿Te suena?

En menos de lo que duraba una vida, pasaron de una realidad a otra. Aunque fuese heredera de una misma tradición y costumbre, la moral estableció nuevas normas, nuevos modos, nuevas jerarquías: el origen ya no era tan importante como la posibilidad de conseguir más cosas en menos tiempo.

Acumular riqueza se convirtió en el nuevo paradigma social.

Como es obvio, el fin último de la filosofía clásica, la felicidad, también cambió de significado. Ya no era el resultado de una vida moral recta y virtuosa, sino algo mucho más difícil de concretar: un lugar aspiracional, una meta, algo que lograr. Seguro que te suena.

El filósofo suizo Alain de Botton utiliza un concepto muy interesante para definir el sentimiento que los griegos experimentaron durante esta transición casi inmediata y sin anestesia de la *polis* a la *cosmopolis*: la *ansiedad*.

Ahora sí que te suena, ¿verdad?

Hablar de ansiedad nos trae de golpe al presente, a tu presente. Ligada a esa palabra, que se puede definir como un «estado de agitación, inquietud o zozobra de ánimo», también van otras viejas compañeras de este libro: *angustia*, *dolor* y *miedo*.

¿Cómo es posible que aquellas personas que vivieron hace más de dos mil años pudieran sentir lo mismo que a veces sientes tú? Esa incertidumbre, ese vacío, ese vértigo al sentir que algo no va bien y no saber explicarlo, porque te faltan los porqués, los quiénes, los cómo, y solo puedes asumir un aquí y un ahora que seguirá girando a toda velocidad con o sin ti. Y ahora, sin conocerte de nada, te recuerdo que ningún ser humano ha sido tan radicalmente diferente y que, por tanto, no somos tan distintos, como habrías podido creer antes de empezar a leer este libro.

Fue a raíz de este nuevo contexto cuando nuestro viejo amigo Epicuro empezó a filosofar y fundó su propia escuela,[24] a la que llamó el Jardín, porque era donde se reunía y vivía con quienes le ayudaban a plasmar y desarrollar sus ideas.

La filosofía epicureísta no promovió el «amor al conocimiento» sin más como hasta entonces, que era un ejercicio más intelectual y contemplativo que práctico. Como mencioné antes, él buscaba que la filosofía tuviera una acción real en las personas, que fuera una medicina que curara el alma afligida. De ahí la importancia del tetrafármaco como una posibilidad real, y no metafísica,[25] de aliviar esa ansiedad que, como diría el filósofo helvético, sufrieron sus coetáneos cosmopolitas. La misma que, en mayor o menor grado, sufren los que viven junto a ti ahora mismo. Y tú también, más veces de las que seguro te atreverías a aceptar.

Así que, si funcionaba hace más de dos mil años, ¿por qué no habría de hacerlo ahora, si no hemos evolucionado nada en lo biológico y el dolor y el miedo son, en cualquier tiempo o lugar, básicamente iguales?

24 Esta no fue la única escuela que surgió, o se afianzó, en este momento tan delicado de la historia. Los estoicos y los cínicos también gozaron de gran predicación durante el periodo helenístico, pero averiguar más sobre estas escuelas de pensamiento te lo dejo como tarea.

25 La historia de esta palabra es muy divertida y si no te la cuento reviento. En el siglo I a. C., Andrónico de Rodas ordenó, en una nueva edición crítica, los libros de Aristóteles, como quien ordena por colores los calzones en un cajón. Tras los libros de física, que tratan sobre la naturaleza, situó unos que versaban sobre la «filosofía primera» o la «ciencia del ser». Esto es, puso dichos libros después de los de física, que en griego se lee *ta meta ta physika*, que se adaptó al latín como *metaphysica*. Esto literalmente significa «las cosas o estudios que están más allá, o después, de los libros de física». Ahora ve y ríete de los que van de metafísicos.

Lo bueno es fácil de conseguir

¿RECUERDAS ESTE VERSO de Epicuro? Sé que escuchar esto, hoy en día, puede parecer más un mantra de autoayuda que un consejo filosófico serio porque, de nuevo, tenemos que pagar el precio del paso del tiempo. Pero ahora te hablaré del remedio para el dolor y el miedo, así que creo que esta voz del pasado puede aportarte más soluciones que preguntas. Siéntete muy afortunado: obtener soluciones haciendo filosofía no suele ser lo común.

Epicuro afirmaba que lo bueno es relativamente fácil de lograr, pero ¿qué demonios significa eso y para qué te puede servir a ti? ¿Qué es lo bueno para Epicuro? ¿A caso lo bueno es capaz de acabar con el dolor social o el miedo? ¿Y qué tiene esto que ver con todo lo que hemos visto hasta ahora? Pues abróchate bien el cinturón de seguridad, porque ya no habrá paradas antes del final.

Estamos de acuerdo en que, si fuéramos felices, estos problemas con el miedo y el dolor de los que siempre huimos estarían, si no desterrados, cuando menos controlados para no joder mucho, ¿verdad?

Pensemos como lo haría Ockham. Por un lado, tenemos una definición de felicidad complicada y caótica, que precisa más bien de fe y no de razón para entenderse, así como de un sinfín de requisitos complicados para conseguirla. Por el otro, está la felicidad que, con unos sencillos pasos, cualquiera podría alcanzar. ¿Con cuál te quedarías? ¿Con la primera o con la segunda? No contestes en voz alta, no sea que elijas la primera y yo pueda oírte.

Por razones obvias, en cualquier sistema complejo del que formemos parte, la simplificación siempre debe de gozar de cierta preferencia; ya después, nosotros solitos nos sobraremos y bastaremos para enmarañarlo todo de nuevo. Así que vamos con algo en apariencia simple y, aunque sigamos a Epicuro en lo grueso, en lo fino vamos a salsear un poco de otras fuentes. La idea es confeccionar una serie de ideas prácticas interconectadas y dependientes entre sí. Algo mucho más afín a tu realidad actual.

Así pues, son tres las «cosas buenas» y fáciles de conseguir, necesarias para ser feliz y que mandarán al miedo y al dolor allí donde puedas controlarlos mejor de lo que puedes hacerlo ahora. A ver si es verdad.

1. Procurar la amistad

AL PRINCIPIO TE hablaba del concepto de «lo otro» y, sobre todo, «los otros», de forma muy machacona y pesada, para al final enfrentarlo con el «nosotros», que es donde se habita la amistad. Me guardé mucho de esa palabra, casi mágica, que hace del mundo un lugar mucho mejor de lo que es. No porque tenga la capacidad alquímica de convertir la mierda en donas de chocolate, no. Lo hace mejor porque lo convierte en algo más llevadero.

Es como cuando debes cargar algo muy pesado y te lamentas de que no tenga un buen agarre, unas asas que te permita asirlo bien. Esa es la capacidad de transformación de la amistad, y es eso sobre lo que vamos a hablar.

No te confundas, la vida sigue siendo igual de dura y dolorosa aun teniendo amigos; ese objeto que debes cargar sigue siendo igual de pesado, sigue siendo la misma mierda. Pero con amigos es más fácil acarrearlo de un lado a otro, y por ello puede parecerte mucho más liviano. El hecho de que lo compartas tampoco te vuelve un parásito emocional. Cada uno llevará siempre su propia carga, pero los amigos son como esas asas que le faltan a la vida para poder agarrarla mejor. Creo que por fin me estás entendiendo.

La amistad, que se da en el animal humano de manera espontánea y natural durante los primeros años de vida, con el tiempo se convierte en una *rara avis* que sacrificamos con relativa facilidad en pro de cualquier eventualidad que suceda o que nos inventemos. El valor fundamental que tiene en la juventud se desdibuja, se transvalora en la adultez. Y una vez que dejamos de ser niños o jóvenes, se nos presenta como algo más utópico, más distante y difícil de encontrar. Se convierte en una relación casi imposible, siempre sujeta al interés del uno por el otro, o al poco tiempo libre que tenemos, a las cargas familiares o a que simplemente nos volvimos unos idiotas de manual y nos creemos autosuficientes en todos los aspectos, incluyendo el emocional.

Esta vez, y casi como una excepción a la regla, la Real Academia Española nos sorprende con una definición casi poética de *amistad*, diciéndonos que es un «afecto personal, puro y desinteresado, compartido con otra persona, que nace y se fortalece con el trato». Puro y desinteresado, compartido con otra persona. Qué interesante combinación de palabras, ¿no te parece?

Antes de seguir, viene un aviso muy importante. Al igual que cuando hablo del individualismo en los medios de comunicación o en las redes sociales, cuando diserto sobre la amistad no faltan las hordas de solitarios y empedernidos primates de la caverna que niegan la existencia o la necesidad de la amistad. Que ellos no tienen amigos, arguyen, ni los han tenido ni los tendrán, y además no los precisan.

Si, por desgracia para ambos, tú eres de estos asnos comedores de juncos que se lo tragan todo sin hacer distinción, piensa en esto por un par de segundos al menos. Mira al cielo ahora mismo, estés donde estés y sea la hora que sea, y pregúntate: ¿tendría algún sentido que un ciego de nacimiento te discutiera de qué color es el cielo que ahora mismo ves o sería una soberana majadería? Pues ese es el valor de una opinión sobre la amistad por parte de alguien tan tonto que es capaz de afirmar con orgullo no haber tenido, ni querer, ni necesitar, tener amigos. Podrás opinar del veneno sin tener que probarlo, podrás hablar del planeta Mercurio sin ir allá a pisarlo, pero sobre la amistad, o sobre el amor, como diría el buen Lope de Vega, «quien lo probó lo sabe».[26] Lo demás son pajas mentales.

Sé que hablarte de la amistad, empezando por dos palabras tan rotundas como *puro* y *desinteresado* puede minar el ánimo de cualquiera. Sobre todo cuando parte de esa ansiedad, dolor social o miedo viene de la mano de ese individualismo tan en boga que te invita a creer que no necesitas a nadie, y que, si alguien se te acerca, lo más seguro es que sea por algún interés que a la postre te va a perjudicar. Porque, aunque no tengas nada atractivo que ofrecer al parasitismo interesado, desde el individualismo miope siempre tendemos a creer que somos el centro del universo, y que tenemos más que dar que cualquier otro que se nos acerque.

Y como un rasgo determinante de tu aquí y ahora, de nueva cuenta aparece la falta de confianza en «los otros». Esta, entre muchas

26 Soneto número doce de Lope de Vega, ¡te urge leerlo!

cosas, impide que te des cuenta de que no eres tan especial, único o interesante. En este caso, el que no ve es como el que no sabe.

A pesar del peso de la realidad, tu naturaleza juega en tu favor, y debes aprovecharte de ello. Aristóteles lo dejó muy claro, «el hombre es un animal político», y está en nuestra constitución la necesidad de relación con los demás. Por eso es que la amistad se da de manera espontánea y natural en los primeros años de nuestra vida. Fíjate en los niños pequeños si tienes ocasión: no se conocen de nada, pero en minutos están jugando, se ríen, corretean de un lado a otro y, aunque no se vuelvan a ver jamás, se despiden como si supieran que al rato volverán a encontrarse para seguir haciendo lo que deben hacer los niños: jugar.

Lo sé, quizá me digas que a ti te tocó jugar relativamente poco cuando eras niño, al menos en comparación con los días y días infinitos de juego que te cuentan tus mayores. Créeme que siento mucho esta situación, y estoy consciente de que merece una reflexión mucho más extensa y radical. Pero no será ahora.

Lo que tienes que saber es que, aunque con los años te cueste cada vez más hacer nuevas amistades, estas nunca estarán de más. Los amigos nunca son totalmente prescindibles, a menos que tu realidad sea absolutamente tóxica y estés podrido hasta las cejas y no lo sepas, lo que sería todavía peor. Pero si no es el caso, el tiempo te estará dando sin que lo notes algunas herramientas muy valiosas; estas, en relación a la amistad, deben permitirte ser capaz de saber cómo acercarte a aquellas personas con las que quieras establecer amistad y, por supuesto, detectar qué tipo de interés mueve al otro para querer ser tu amigo.

Hay tres tipos de amigos, joven Nicómaco[27]

«¿**Para qué inventar** cosas nuevas, si puedes copiar las viejas ya suficientemente probadas?», me dijo hace ya mucho tiempo un amigo, en relación con la educación. Y es que, si tienes que detectar las intenciones de quienes se acercan a ti en busca de amistad, lo mejor es que sepas qué te puedes encontrar. Para ello, nada mejor que consultar al discípulo más aventajado de Platón, quien estableció tres categorías de posibles amigos. Sí, otra vez voy a citar a Aristóteles.

- *Amistad por diversión o placer.* Cuando usaba como ejemplo la amistad espontánea de los niños, te hablaba de este tipo de amistad. Las personas pueden unirse para divertirse y pasarlo bien todos juntos,

27 Así se llamó el padre de Aristóteles y también su hijo, al que dedicó uno de sus libros más importantes: *Ética nicomáquea* o *Ética para Nicómaco*, versado, por supuesto, al estudio de la ética, e inspirador de otros tantos cientos de libros sobre el mismo tema. Como este, por ejemplo, y todos los que se titulan *Ética para…*

ya sea jugando, saliendo de fiesta, haciendo deporte, yendo a un concierto, al cine, etc. Incluso, dependiendo de la moral imperante en cada época y lugar, pueden ser amigos sexuales, sin otro interés mutuo más que pasarlo bien y disfrutar el uno del otro. Este tipo de amistades por diversión, suelen ser propias de edades tempranas y de la juventud; a medida que vamos madurando, cambiamos nuestros gustos y priorizamos nuestros intereses, y estas relaciones también se van acabando. Aunque hay que matizar bien esto, ya lo verás en el siguiente punto. También puede suceder que estos amigos muten a la par con nosotros y se convierta en otro tipo de amistad. Esto es muy posible, quizá hasta deseable que ocurra si se dan las condiciones necesarias, pero la situación siempre estará sujeta al nuevo tipo de relación que estemos buscando.

- *Amistad por interés o utilidad.* A medida que nos hacemos mayores, nos mueven más los intereses particulares y útiles para nuestro propio beneficio que la búsqueda de la diversión o el placer en sí, como diría el maestro de Alejandro Magno. Claro que esto último no aplica siempre, porque dependerá de la capacidad de madurar de cada uno. Otra vez, el individualismo nos aísla de los demás y hace que los procesos de maduración del carácter se ralenticen, o directamente se suspendan. (De ahí el éxito económico del «negocio de la nostalgia», que abarca todo tipo de fetiches pop de los años ochenta y noventa para cuarentones y cincuentones que se aferran a su juventud a pesar de estar calvos o canos). También dependerá de las prioridades de cada cual, pues muchos son los que en su día a día buscan la evasión por medio de los placeres y divertimentos vanos de casi cualquier tipo. Ejemplos no nos han de faltar: tenemos los videojuegos, o los clubes de cualquier afición exótica como el aeromodelismo, los coches a control remoto, o de intercambio de pareja; viajar por sistema o conocer todos los restaurantes de moda; comprar por necesidad, porque gastar genera placer cuando nos han educado de esa forma, etc. Pero tampoco le falta razón al estagirita[28] cuando nos habla de la existencia de las amistades por interés, y, añado, tampoco es necesario que solo se den en la madurez. Todos sabemos lo que es una persona interesada, porque las conocemos o porque también lo somos en muchas ocasiones. Pero, cuidado: no todo interés tiene que ser siempre entendido como una manera de aprovecharse del otro, dentro de una relación parasitaria. Hay muchísimas relaciones por interés que son simbióticas, en las que ambos elementos sacan provecho de ella. Esto no tiene por qué estar mal, todo lo contrario. Lo cierto es que la relación durará lo que dure el interés, el beneficio, o incluso el contexto en el que surja. ¿O no has escuchado aquello de «mi mejor amigo del colegio, del gimnasio, del trabajo...»? Esto significa que puede ser una amistad beneficiosa para ambos, sí, pero que está limitada a un ámbito concreto; una vez termines la escuela, o cambies de trabajo o no te importe estar gordo, también se acabará este tipo de relación.

- *Amistad perfecta*. Los *amigos verdaderos* se desean el bien, y esta es la idea principal de Aristóteles sobre cuál es el mejor tipo de amistad:

28 Aristóteles nació en el año 385 a. C. en Estagira, una ciudad de la provincia de Macedonia al norte de Grecia, de ahí, si no lo has supuesto ya, viene el apodo de «estagirita». No hay que obviar, tampoco, que el hecho de ser macedonio también influyó en que fuera contratado por Filipo II para formar a su hijo Alejandro. Además, causalidades de las cosas, el padre de Aristóteles fue el médico de la corte del padre de Filipo II, también apodado el Tuerto... adivina por qué.

> una relación pura y desinteresada, basada en compartir lo bueno de la vida sin tener que buscar nada a cambio, ni placer, ni diversión, ni ninguna utilidad concreta, aunque no esté reñido que cualquiera de estas cosas puedan suceder, como de hecho pasa. Este tipo de amistades son imperecederas, siempre que pongamos de nuestra parte, de nuestra voluntad, y seamos personas bondadosas..., algo nada común según él. En definitiva, los amigos de verdad te permiten ser mejor persona. Por usar las formas del clasicismo griego: esa amistad verdadera te invita a transitar por los caminos de la vida que te llevan a conocer la virtud.

Por supuesto, para que algo de este último punto se haga realidad, debes permitirte tratar con los demás, conocerlos. Tanto es así que el filósofo griego utiliza un refrán para interpelar a su lector y le recuerda que «los hombres no pueden conocerse hasta que hayan comido juntos la necesaria cantidad de sal».

Debemos descubrir al otro si queremos ser amigos. Y conocer es confiar. No aprendes nada si no confías en quien te muestra y quiere enseñarte, ya sea un vecino, un compañero de escuela, un profesor, un familiar. Da igual, todos son «los otros» mientras no permitas que sean un «nosotros».

Recuerda que la amistad solo «nace y se fortalece con el trato», y este trato se refiere a la «experiencia y habilidad en la vida social». Esto se da en la *polis* y no escondido tras una pantalla, sea la que sea. No caigas entonces en el pérfido juego de las intenciones escondidas detrás de las palabras mal usadas. Sé que lo sabes, aunque no así tus padres, tus mayores o tus profesores. Te lo digo a ti, para que se enteren ellos.

Que las redes sociales usen el término *amistad* como un enganche emocional no es más que una técnica de mercadotecnia que nada tiene que ver con la realidad. Que alguien tenga cuatro mil amigos en Facebook no es más que una ilusión del lenguaje, porque los amigos de verdad no pueden ser virtuales por definición. Ya te hice un comentario similar hace muchas páginas, pero ahora me extenderé para aclararlo y no tener que volver a este tema.

Hablar de lo virtual significa hablar de algo o alguien «que tiene existencia aparente y no real». Esto no me lo inventé yo, como casi nada de lo que te he contado, salvo los ejemplitos que uso para ayudarte a entender mejor algunas cosas.

Repito, tener existencia aparente y no real es la definición de la palabra *virtual*. Reflexionemos: el mejor y más duradero de los tres tipos de amigo es aquel a quien no solo se le desea siempre el bien, sino con quien hay que tratar, convivir, sentir, conocer, comer y casi cagar juntos. Cuanto más lo hagas, más se fortalecerá la amistad y mejor persona serás. En ese caso, ¿cómo conjugar esto con alguien que no es real?

Hablar de apariencia es hablar, de nuevo, de algo que parece pero que no es. Una amistad virtual también será eso: pura apariencia, pura simulación, una cosa que parece lo que en realidad no es.

Siempre puede haber excepciones, y sé que para muchos la ventana que les ofrece el mundo virtual es su única posibilidad de entablar relación con otras personas. En ese caso, recuerda siempre este refrán de mi propia cosecha: «Nadie es tan feo como en la foto del INE, ni tan guapo como en la foto de perfil de Facebook». Este chiste tonto esconde algo mucho más profundo y que también te he dejado sibilinamente en algún comentario anterior. Tú ya lo sabes, naciste sabiéndolo, pero vuelvo a contarte las cosas a ti para que se enteren otros a los que esto aún agarra desprevenidos.

Nuestra imagen en las redes sociales es un avatar, una proyección digital de lo que queremos mostrar de nosotros mismos. En un mundo que se refugia en lo virtual para relacionarse, porque desconfía sistemáticamente de «los otros» del mundo real (que es donde existe el aire que necesitamos para respirar), lo que muestras en ese avatar no solo es la cara más amable y seductora de ti mismo, también es irreal, pura apariencia, una **reminiscencia** vaga y confusa de la realidad. Jamás será la realidad compleja y poliédrica en la que respiramos.

Es cierto, ya son muchos los casos de gente que no es capaz de diferenciar el mundo real del virtual; intentan virtualizar su realidad y dar carácter de real a su avatar haciendo todo tipo de estupideces que no suelen acabar bien. Siempre existirán estos intercambios, del mismo modo en que Don Quijote se sanchificó y Sancho Panza se quijotizó en la obra inmortal de Cervantes. Al fin y al cabo, nuestra naturaleza es compleja y el mundo virtual también es un ecosistema complejo, por el simple hecho de que estamos involucrados en él. Por tanto, nunca sabremos bien hacia dónde pueden ir las cosas a pesar de que creamos conocer los elementos que allí intervienen.

En todo sistema complejo siempre existirá la incertidumbre; esto nos da miedo, y el miedo genera dolor.

Nadie es tan guapo como en su perfil de Facebook cuando se levanta por la mañana. El resto de su avatar también está maquillado y enfocado en gustar y generar aceptación y proselitismo (fans, amigos, seguidores, *followers*, etcétera). ¿Acaso puedes decir que sabes cómo es, cómo siente o cómo sufre esa persona a la que sigues y que llamas amigo? Por muchas horas de «trato» que tengan, siempre lo harán a través de una pantalla; solo sabrás de ella lo que la persona que hay detrás quiere que conozcas.

Hemos dejado de confiar en «los otros» del mundo real, es cierto, pero como animales humanos que somos, necesitamos confiar en alguien. Hemos desplazado ese «nosotros» en quienes confiar a un mundo virtual, y recalco, irreal por definición.

Y aunque haya excepciones, estas suelen ir de la mano de un manifiesto ejercicio de sinceridad, el cual pasa por abandonar la red e ir a un canal de comunicación más íntimo y personal, más sincero y poco manipulable (una videoconferencia, una llamada telefónica...). Y si la cosa prospera, el siguiente paso es conocerse en persona, allí donde ambos puedan compartir el mismo aire y, en definitiva, comer la misma sal.

Esto de tener amigos no parece tan fácil como Epicuro decía, ¿verdad?

Bueno, tampoco hay que ser tan dramáticos. El propio Aristóteles confesó que eso de los amigos perfectos era muy jodido de encontrar. En el fondo es un deseo, una especie de declaración de buenas intenciones. Todos tenemos claros y oscuros, como en todo en la vida y, por seguir usando sus palabras, debemos procurar el equilibrio, el justo medio, la *mesótês*, si nos queremos ver más intelectuales.

Tener amigos para jugar cuando se es chico es fundamental para desarrollarnos en el plano psicomotor, o en la consecución de habilidades sociales. Tener amigos que compartan nuestros gustos e intereses y con los que nos podamos divertir también es maravilloso y necesario, pues, como bien podría haber dicho Epicuro, una comida solitaria, sin un amigo con quien poder compartirla y conversar, es una oportunidad desaprovechada para ser feliz. Siempre he tenido la sensación de que comer solo en un restaurante, la cafetería de una facultad, metido en tu coche o ante una pantalla es muy triste, no sé si piensas igual.

Y si no somos un ejemplo de virtud en el que puedan proyectarse los seres humanos del futuro para seguir nuestro ejemplo, tampoco pasa nada. Lo importante es que puedas tener con tus amigos esa sensación maravillosa de volveros a encontrar pasados unos años, y que no parezca que pasó más de un día o dos. Luego, juntarse para hacer algo o no. También se vale simplemente reunirse por el gusto de estar juntos, para ver pasar las horas y que no exista esa sensación de estar perdiendo el tiempo, sino todo lo contrario, que siempre falta tiempo. Ahí es donde las redes sociales te pueden hacer un favor, acercándote a aquellos amigos que el tiempo alejó, como espacio de encuentro previo para veros, más tarde, en cualquier otro lugar.

Si te cuesta hacer amigos, es porque algo en tu desarrollo desde la infancia hasta ahora obró contra tu propia naturaleza. Por suerte, nuestra esencia política, nuestra necesidad de confiar en el otro, y nuestra querencia a no estar solos son difíciles de destruir por completo. Así que, ¡a trabajar! Aunque esto no esté exento de sufrimiento, por lo menos sabrás que estás vivo, y la recompensa de tener un buen amigo, que no una amistad perfecta, supera con creces los sinsabores de mil amistades fracasadas. Es fácil hacer amigos, lo difícil es que sean perfectos, pero ¿quién lo es?

2. Ser autosuficiente

En estos tiempos en los que el capitalismo feroz se hizo dueño de nuestra vida y de nuestro pensamiento, contaminando las palabras que nos ayudan a inteligir[29] y comprender el mundo y a nosotros mismos (como si el costo del tiempo no fuera bastante), el entendimiento de ser autosuficiente se nos presenta también contagiado de connotaciones económicas y deformaciones contextuales. Por eso, quiero parar un poco este ritmo trotón y sin pausa que llevo desde hace un rato para extenderme (solo un poco, no te asustes) en un concepto que te puede ayudar a entender ese trasfondo económico del que te hablo. De este modo, podrás dimensionar de forma correcta

29 Sé que quizá esta palabra te suene rara, pero es preciosa y está en desuso. *Inteligir* significa «*entender* algo o a alguien», y cobra aún más sentido si tenemos en cuenta que entender se puede definir como «descubrir el sentido profundo de algo». Diremos entonces que, gracias al ejercicio de la inteligencia, descubrimos el sentido profundo de algo o de alguien. No me digas que no suena bien.

qué es la *autosuficiencia*, y relacionar este concepto con otro igual de demoledor: la *subsistencia*.

Como parece que no nos damos abasto con ser como somos, a medida que hemos ido poblando cada rincón del planeta y nos hemos multiplicado en número todo lo que hemos podido, los animales humanos fuimos también complicando y diversificando nuestras propias posibilidades de subsistencia, a la vez que las mejoramos en muchos otros aspectos.

Hoy, dependiendo del lugar del mundo desde donde leas estas palabras, tus expectativas de vida se sitúan entre los 75 a los 85 años, más o menos. Pero hace menos de 200 años, en esos mismos lugares, no habrías tenido más de 45 años para hacer lo que tuvieras que hacer antes de chupar faros.[30] Una muela picada te podía suponer un gran problema, amén de un dolor inaguantable y de tener que pasar por las manos de un barbero infecto y sádico para librarte del sufrimiento; una apendicitis, por otro lado, era un boleto seguro para ir a visitar a tus antepasados. La mortalidad infantil era el pan nuestro de cada día, y la gente preguntaba justo después de cuántos hijos tuviste cuántos habían sobrevivido. El hambre o la comida en mal estado también eran otras de las causas más frecuentes de duelo; de hecho, esos aderezos que tanto te gustan y que te regalan en los restaurantes de comida rápida, como el kétchup, se inventaron para enmascarar

30 Esta expresión tan mexicana, que hace saber que el momento de la muerte es inminente, me encanta. Faros era una marca de cigarros que, según cuenta la tradición, se ofrecía en ciertas partes de México como gesto compasivo a aquellos que iban a ser fusilados inmediatamente después de acabar de fumárselo.

el sabor y olor a podrido de la carne y otros muchos alimentos. Hoy, todo esto ha cambiado de forma drástica a nuestro favor, y aunque hay gente que suspire por un pasado que se les antoja mejor en muchas cosas, esta parte del ayer no se la desearía a nadie.

En líneas generales, a medida que fuimos viviendo más, fuimos haciéndolo mejor, con más garantías de subsistencia. Aclaro que esto siempre depende en gran medida de dónde nazcas, y aunque la miseria es miseria en cualquier época y lugar... depende, siempre depende, porque no es lo mismo ser pobre en México que en Noruega, ni es igual la pobreza de hace cien años a la de hoy. Sin embargo, a la par de vivir mejor, también fuimos sofisticando todos los aspectos sociales y relacionales de nuestra convivencia, esos que antes, con algunas diferencias sutiles, se aceptaron por suficientes e inalterables durante milenios.

Hace no tantos años, con mucha suerte, el proceso educativo podía consistir en aprender a leer, contar y escribir; por supuesto, esto siempre se encontraba sujeto al lugar que tu familia ostentaba en la jerarquía social, pues no basta nunca con nacer en el país adecuado, los apellidos siempre tienen su importancia. Cuanto más arriba nacieras en la escala social, recibirías una mejor y más completa educación; a partir de cierto nivel inferior, a lo más que llegarías era a aprender a firmar con una «X». Y aquí siempre estuvo y estará la mayor parte de la población. Después, o mientras recibías la «formación académica», aprendías algún oficio que te diera sustento a ti y a la familia que tendrías en un futuro. Todo esto (trabajo y familia) antes de cumplir los 20 años. Si seguías teniendo suerte y no se te cruzaba una hambruna, una peste o una guerra, tu vida no debía cambiar demasiado hasta el día que te tocaba estirar la pata. Y así, generación tras generación, por los siglos de los siglos. Desde luego, esto es una generalización muy vaga e imprecisa; como dije antes, siempre hubo ricos y pobres de miseria, y también en esas diferencias eternas hemos complicado mucho las cosas. Aunque de ese tema, para alivio tuyo, hablaré en otro libro.

Volviendo: lo que me interesa que comprendas de todo esto es que, librando las posibles eventualidades históricas, daba la impresión de que era más sencillo lograr la subsistencia por tus propios medios. Esto es: las condiciones mínimas para «seguir viviendo» gracias al sudor de tu frente, aunque fuera de manera austera y breve.

Hoy en día, los plazos para lanzarte al mundo del trabajo se eternizan. Si quieres abarcar un ciclo formativo completo, podrías llegar casi a los 30 años con unos ingresos exiguos; luego descubrirás horrorizado que esto tampoco te asegura la subsistencia de manera inmediata, mucho menos alcanzará para dar de comer a una familia que, por suerte para ti, no habrás podido formar todavía, porque no has tenido tiempo... pues te la has pasado estudiando desde los tiernos seis años.

Si es tu caso, seguro me dirás que al menos conseguiste subsistir hasta los 30 estudiando; de lo contrario no podrías haberte sacado un doctorado y hacer tantas investigaciones y no sé cuántas cosas más para engordar ese currículum tan hermosote. Sí, tendrías mucha razón; habrás subsistido hasta los 30 y no te quitaré el mérito de ello. El problema está en que no habrás conseguido ser autosuficiente como sí lo era un zapatero medieval en Europa, o un escribano en el antiguo Egipto faraónico. Por muchas becas que logres, las preguntas respecto a qué comerás, o con qué pagarás las facturas cuando estas becas se extingan o el sustento familiar se acabe, en realidad no están resueltas.

Y te he planteado un caso bastante halagüeño y digno de alabanzas y reconocimiento, porque las posibilidades de encontrar un trabajo cuya remuneración asegure la autosuficiencia y la subsistencia a costa del esfuerzo personal es infinitamente mayor para alguien que puede presumir de un buen currículo que para alguien que apenas acabó el bachillerato o, peor aún, ni siquiera terminó la secundaria, sean cuales sean las razones o motivos que tuviera para ello.

En los casos de estudios insuficientes, truncados o inacabados, la dependencia familiar es aún más alarmante y sangrante. Puede ser que hablemos de los casos de los famosos y denostados «ninis», cuando el joven no quiere ni trabajar ni estudiar y se convierte, a todas luces, en un parásito familiar. Sin embargo, la mayoría de los casos de abandono escolar se debe a que la situación familiar es tan precaria que obliga al estudiante, de forma voluntaria o no, a abandonar sus estudios para aportar, si lo logra, un misérrimo salario que ayude a la familia a sobrevivir. Me inclino más a pensar en esto que en otras razones y teorías cuyo propósito es demonizar a los más jóvenes.

La relación de subsistencia es entonces simbiótica hasta un extremo enfermizo, pues si te encuentras en esta situación, tu capacidad de autosuficiencia se diluirá muy rápido: lo poco que ganas se transfiere a una débil economía familiar que se verá en peligro en cuanto decidas emanciparte, cosa casi improbable, porque esas cuatro monedas que recibes por partirte la espalda a duras penas te lo permitirán.

¿Qué solución te queda? A menos que busques un apoyo externo no lo conseguirás. Me refiero a otro salario, como el de una pareja: esto permitirá sumar unos billetes más que complementen y posibiliten esa salida del hogar familiar. Pero como el mundo es una mierda y lo sabes, tu pareja no ganará mucho más que tú, y también estará lastrada por una presencia familiar muy fuerte y demandante, a menos, claro, que sea mujer. En ese caso, su familia estará deseando que se case, que enganche a un marido que la mantenga, aunque sea a costa de embarazarse del primero que pase; y si sale corriendo, ya vendrá otro, porque al ser mujer y pobre siempre ganará mucho menos que un hombre y será una carga para la familia... aunque el hombre con el que se empareje gane cuatro asquerosas monedas y se perpetúe un círculo vicioso vergonzoso para cualquier sociedad cabal. ¿O acaso creías que podrías emparejarte con alguien cuya economía fuera mucho mejor que la tuya? Esto solo pasa en las telenovelas y no suele ser verdad. No tendrás tanta suerte.

En conclusión: miseria más miseria solo suman mucha más miseria, y con ello la posibilidad de autosuficiencia se evapora. Sin embargo, puede que el sistema sociopolítico del lugar donde vivas te asegure, al menos, una subsistencia más o menos digna gracias a las ayudas sociales.

Con el tiempo, y ante una realidad que no favorece a los más jodidos, la responsabilidad de tu subsistencia se trasvasará de un ámbito familiar precario y desequilibrado, que con el paso de los años se extinguirá porque nadie es eterno, al ya mencionado papá Estado. O al «sistema sociopolítico», si prefieres usar un concepto políticamente aceptable. Pero no olvides que todo esto ocurrirá si tienes suerte, te va bien y vives en un país que te brinde esa posibilidad. De lo contrario, lo siento por ti, pero te las verás putas para lograr lo que desde el albor de los tiempos era lo común; tener un oficio y una familia a la cual mantener antes de los veinte años, aunque la vida fuera más precaria, ofreciera mucho menos que ahora, y la esperanza de vida estuviera reducida a la mitad.

Hoy, gracias a los logros sociales, científicos y tecnológicos, y a unas garantías democráticas más o menos generosas y generalizadas que nos hacen la vida más fácil, hemos conseguido vivir más y quizá mejor, subsistir por más tiempo que antes, eso es innegable. Pero no somos más autosuficientes, al contrario.

En el pasado, la autosuficiencia era una condición básica para la supervivencia. Si no eras autosuficiente, tenías los días contados, a menos que fueras siervo o esclavo. Pero en el último caso, la vida no era vida por mucho que durara, ¿no te parece?

Hoy, más que nunca, tenemos que replantearnos por qué es tan importante la autosuficiencia para vivir mejor y ser felices, ya que parece que la subsistencia está más o menos asegurada... Eso, repito, si has tenido suerte al nacer y las cartas que te tocaron son medianamente buenas o, al menos, aceptables.

Después de todo lo que te acabo de contar, no deja de parecerme en extremo paradójico que, cuanto más atrás en el tiempo vayamos, allí donde la subsistencia se nos dificultaba tanto y era tan precaria a fuerza de la necesidad de ser autosuficientes, fue también el momento de nuestra historia en que las sociedades estaban cohesionadas con mayor fuerza. Tribus, clanes, aldeas o pequeñas ciudades (aunque siempre hubo excepciones) en donde la regla dominante era la confianza interpersonal y la responsabilidad social para poder tener mayores y mejores posibilidades de sobrevivir, como en la *polis*.

Hoy en día, la subsistencia está casi garantizada gracias a una sociedad masificada, desconfiada y poco responsable que necesita de un ordenamiento legal complejo y muy restrictivo; una sociedad en la que el individualismo es el nuevo «valor» rector de una moral laxa y poco valorada, pero que ofrece por su ordenación esas ayudas y posibilidades para no morir de hambre por las calles. Y a pesar de ese canto al «yo» y esa repulsión manifiesta a «lo otro», la autosuficiencia es una utopía para las masas, aunque como en todo, por fortuna, siempre habrá excepciones.

Y aquí está la paradoja en la que quiero que pienses: ¿no será que no podemos ser autosuficientes sin que exista ese «nosotros», necesario ayer para sobrevivir, y del que huimos hoy, cuando tenemos una subsistencia casi asegurada?

Hemos ganado años de vida, es cierto, pero lo realmente valioso que nos aporta la autosuficiencia es la calidad de vida.

Y aquí mi admiración por las casualidades maravillosas del lenguaje: porque *calidad* es una palabra que proviene del latín *qualitas*, que podemos traducir como la cualidad esencial, el carácter, e incluso la naturaleza de ese algo. En este contexto particular «calidad de vida» se define como «conjunto de condiciones que contribuyen a hacer la vida agradable, digna, valiosa». Siempre que oigo esta expresión tan propia de los países que mejor viven y tan poco usual en los más jodidos, me evoca otra palabra muy similar, aunque de origen distinto: *cálido* (o *cálida*), que da calor.

El «nosotros» es calidad de vida, nos hace percibir una vida más cálida, menos fría, siendo la frialdad una cualidad intrínseca a la soledad.

¿Se puede o no alcanzar la autosuficiencia?

El viejo de Samos, Epicuro, nos dice que la otra cosa buena y fácil de lograr para poder ser felices es la autosuficiencia. Recuerda que esto ocurrió en un contexto donde la vida se entendía como algo más sencillo, más simple de satisfacer, menos complejo; donde el hecho de poder seguir vivo, de subsistir, implicaba *de facto* una forma bastante exitosa de autosuficiencia sobre la cual poder trabajar su filosofía de vida.

Hace más de 2 300 años ser autosuficiente era, a grandes rasgos, una condición necesaria para poder seguir vivo con ciertas garantías y beneficios. Epicuro entonces iba un poco más allá. Invitaba a sus seguidores y amigos a reducir la dependencia de aquellas cosas que, por no poder lograrse con facilidad, pudieran generar crispación o malestar. Dolor, a fin de cuentas.

Los deseos de enriquecerse y vivir rodeados de lujos, como si estuviéramos siempre en un video musical de reguetón o de hip hop comercial, pueden generar ansiedad y obligar a quien los desea a llevar una vida de pesares y esfuerzos; no solo para lograr esos bienes, sino para conservarlos. Un *jet* privado es algo prohibitivamente caro, pero mantenerlo para poder usarlo cuando uno quiera puede llegar a ser aún más costoso. Y si no lo consigues es peor, pues si no logras cumplir ese deseo que en teoría te haría la vida más placentera y feliz, creerás que esa es la causa de tu infelicidad, y como no lo conseguiste, tu vida es (y será) una mierda.

Y todo puede empeorar. ¿Quieres saber cómo?

Pues imagina que deseas con todas tus fuerzas un *jet* privado, y estás seguro de que, si lo tuvieras, las cosas serían maravillosas, tu vida se convertiría en la envidia de todos y tú serías feliz. Y ahora imagina que, al no poder tenerlo, culpas no a tu incapacidad para ser rico, sino a agentes externos que te impiden serlo: a tus orígenes humildes, al color de tu piel, a la conspiración *illuminati* que ha impuesto un Nuevo Orden Mundial que te excluye y no sabes por qué, con lo listo que eres. O tal vez todo es a causa del mal de ojo que te echó la vecina porque no accediste a complacerla sexualmente...

Ríete conmigo, pero este tipo de justificaciones (unas muy fundamentadas y otras peregrinas en exceso) son las que más frustración y resentimiento generan. Esto se debe a que esas expectativas de ser felices a cambio de lograr algo concreto se han puesto en un lugar de por sí inalcanzable, y esa zona de confort, éxito y superación personal a la que pretendes llegar está tan fuera de tu alcance como la posibilidad de que yo pueda ser astronauta y colonizar Marte.

Vico, ¿me estás diciendo que no puedo soñar?

No, soñar es soñar y todo lo aguanta mientras no despiertes.

Lo que estoy diciendo es que, en tu vida, la de verdad, debes ser críticamente realista con tus expectativas y deseos... o puedes sufrir más de lo necesario de forma gratuita.

Verás, te cuento. Desde hace no mucho tiempo se ha extendido de forma muy ligera y autocomplaciente la estúpida idea de que, si deseas algo con mucha fuerza y determinación, sea lo que sea, podrás conseguirlo, ya sea por tus propios medios o porque una fuerza superior te lo concederá (sí, lo que oyes a lo lejos es mi risa). Esto, para que lo sepas, es un eslogan de la autoayuda, una industria enfocada en sacar provecho de las frustraciones acríticas de las personas, provocadas, cómo no, por esta corriente individualista que nos vuelve solitarios, idiotas y medio pendejos las más de las veces.

Pero cuando este cliché tan reivindicado (el de desear *mucho, mucho, mucho* las cosas) se plantea desde el solipsismo más obtuso,[31] puede causar un daño irreparable tanto en ti como en todos los que te rodean. Si tan solo usáramos nuestro pensamiento crítico, nada de esto tendría por qué sucederte. Permíteme ponerte un ejemplo tonto para ir cerrando la idea.

Cuando eras niño, no hace mucho, una de las formas más comunes para hacerte hablar era preguntarte qué querías ser de grande. En mi época, cuando nadie dudaba de la llegada del hombre a la Luna y transmitían en directo los lanzamientos y aterrizajes de los transbordadores espaciales de la NASA, muchos niños de entonces contestábamos con un rotundo: «Quiero ser astronauta». Hoy, bajo

31 ¡Busca rápidamente estás dos palabras en el diccionario! Y ten presente que si no te pongo esta nota a pie de página, mi editor me las querrá sustituir por «soledad necia», porque piensa que no eres capaz de entenderlas. Da por hecho que no las buscarás en el diccionario y por eso quiere darte todo mascadito, porque cree que eres medio menso y si te frustras dejarás de leerme, cosa que yo sé que no es así.

la premisa de que si deseas algo con ahínco puedes conseguirlo, es posible que llegue algún gurú, coach ontológico o tonto de babas interesado en sacarme el dinero incitándome a salir de mi zona de confort, al grito histérico de: «¡Vico, si ese es tu sueño, ve por él!». Si yo fuera un ingenuo como él, el simple hecho de planteármelo en serio me podría acarrear un enorme pesar. ¿Por qué? Fácil.

No sé suficiente inglés, argumentaría yo para justificar por qué no puedo ser astronauta, «pero puedes aprenderlo, nunca es tarde». Soy filósofo y no tengo formación técnica ni científica que justifique mi puesto como astronauta, «pero puedes estudiar algo que te cualifique, nunca es tarde». Estoy muy gordo y mi forma física es una porquería, «pero puedes bajar de peso y ponerte mamadísimo, nunca es tarde». Tengo más de cuarenta años y me mareo hasta cuando leo en un coche en marcha, «pero la edad no es un problema y si entrenas mucho superarás esos pormenores. Nunca es tarde, ¡tú puedes lograrlo!, pero solo si lo deseas de verdad». La estatura de un astronauta debe estar entre los 1.57 y los 1.90 metros de altura, ya que los trajes espaciales cuestan millones de dólares y no pueden exceder de este rango, y yo mido dos metros...

¿Escuchaste el golpe demoledor de la realidad?

Es entonces cuando aparece la frustración, el dolor. No soy astronauta porque mido dos metros, no porque no sepa inglés, no sea ingeniero, esté gordo y fondón, tenga más de cuarenta años y me maree incluso si leo en un coche en marcha. No, la culpa es de la naturaleza, de la genética que me maldijo midiendo dos metros, de la contingencia, y por eso no puedo ser astronauta y estoy condenado a ser un infeliz frustrado hasta que muera porque el destino conspira en mi contra...

¿No te parece una estupidez pensar así? Pues mira bien a tu alrededor y desespera.

La autosuficiencia, en este caso, es encontrar qué te hace feliz dentro del rango de posibilidades reales y expectativas razonables que se te han presentado y que puedes lograr sin tener que amputarte las piernas desde las rodillas.

Si mides más de 1.90 metros, no quieras ser astronauta. Si naciste plebeyo, no pretendas ser rey. Si al ver sangre te desmayas, no intentes estudiar enfermería o medicina. Esto es fácil de entender si aplicas el sentido común, que es la definición más básica y simple de pensamiento crítico, aunque, tirando del tópico, también es el menos común de todos los sentidos. Cosas de la vida.

Y si te aferras a esos ejemplos estereotipados de luchas individuales en contra de la naturaleza de las cosas y de las sociedades en las que les tocó vivir, esos que lograron el éxito y el reconocimiento universal, siento decirte que no son como imaginas, o como las películas te lo muestran. Ni Edison, ni Ford, ni Gandhi, ni Mandela, ni Jobs, ni Gates, ni Musk, ni tantos otros consiguieron nada solos, aunque ahora idolatremos sus nombres y no los de los cientos de miles de personas que estuvieron siempre detrás de ellos, sumando para que hoy sean historia. Historia y ejemplo engañoso con el cual justificar los falsos parabienes del individualismo.

Recuerda siempre que solo no puedes. De nuevo, tú decides.

Entonces, ¿qué? ¿No debo salir de mi zona de confort por miserable que sea? ¿Debo quedarme tal y como estoy? ¿Conformarme con lo que me tocó?

Ya te vi levantando una ceja mientras preguntas, porque eso no suena muy bien, y lo sabes.

No, tampoco se trata de ver las cosas así.

Nada suele ser ni tan blanco ni tan negro. Esa denostada zona de confort de la que muchos te instan a salir con tanto ímpetu se refiere más bien a un estado de autocomplacencia facilona que, lejos de ayudarte a ser feliz, solo deja para mañana lo que deberías estar haciendo hoy. Eso es procrastinar, como te argumentarían los pedagogos más modernos. «Diferir, aplazar», como lo define el diccionario. Y en ningún caso te estoy incitando a permanecer en ese limbo de la inacción simplona.

No se trata de hacer cualquier cosa sin ton ni son, ni toda zona de confort debe ser entendida como ese sitio detestable del que debes salir corriendo o estarás abocado a la indolencia, donde tu vida carecerá de sentido, serás un bueno para nada y cosas mucho peores.

Verás. Lo que Epicuro y tantos otros filósofos como Ortega y Gasset plantean es que te hagas con el control real de tu vida, en la medida que la contingencia de esta te lo permita. El objetivo es que reflexiones con seriedad y tomes conciencia de tu propia realidad, que descubras para qué eres bueno y puedas, de ese modo, dedicarte con pasión y honestidad a ello... *Nosce te ipsum again madafaker!*[32]

Y ahí, entre esa reflexión sobre tus circunstancias y tú, y sobre la relación que establezcas con «los otros» y su propio contexto, proyectarás qué quieres y necesitas para ser feliz.

De hecho, a esta idea de proyecto vital tan pensado y racional podríamos llamarlo también *zona de confort*, y ¡ay de aquel que quiera sacarnos de ella después de dedicarle tanto esfuerzo y pasión!

32 No necesitarás que te traduzca esto, ¿verdad?

Es posible que el secreto no se encuentre en el logro final, sino en comprender que el camino en sí mismo es la clave para ser feliz; que es necesario disfrutar de él y construir así tu propio concepto de felicidad, el cual no será tan diferente al de quien lo haya pensado con tanto rigor como tú. Por eso recuerda: nunca camines solo. Según vimos en el punto anterior, «los otros» pueden ser tuyos igual que tú serás de ellos.

Todo este ejercicio de la razón, sin duda, requiere de la pregunta personal, intransferible y siempre perfectible sobre qué quieres que sea para ti la felicidad.

Una vez contestada, repítete machaconamente que es imposible ser feliz en soledad y que ahí estarán los amigos, para ayudarte. Esto facilitará que percibas con certeza que la autosuficiencia es una posibilidad real y tangible, y no una utopía.

Hay muchas recetas para ser autosuficientes, filosóficamente hablando. Diferentes escuelas de pensamiento te ofertarán soluciones variadas, incluso diferentes códigos morales, pues es lo que suelen ser en realidad estas corrientes éticas como mencioné antes... y de las que no hablaremos en este libro, porque entonces no acabaríamos nunca.

Todas estas recetas para la autosuficiencia te aconsejarán, por ejemplo, cuánto y qué comer, o el tipo de relación que debes tener con los bienes materiales, que fue como empezamos a hablar de esto. Te dirán cómo amar, cómo establecer relaciones con los demás, cómo debes actuar, qué está bien y qué está mal. En el fondo, ese bastarse a uno mismo que es la autosuficiencia, se trata de un ejercicio que debe realizarse desde la razón y la responsabilidad hacia uno mismo y hacia aquellos con quienes compartes el mundo: tus amigos, «los otros» con los que formes un «nosotros», esos en quienes debes confiar para poder conocerlos como a ti mismo y ser felices juntos.

En palabras más claras, que deben servir para desvanecer cualquier duda, diremos que la autosuficiencia es esa capacidad racional que te permite no generar relaciones de dependencia con cosas o personas que solo te generarían insatisfacción, frustración, dolor y miedo, las consigas o no, las tengas cerca o en algún lugar inalcanzable, y que nacen desde un deseo individualista y acrítico.

Ante la cuestión de la subsistencia actual, de cómo ganarte la vida sin ser un parásito familiar o del sistema social al que perteneces, la respuesta es tan complicada y a la vez tan simple, como complicados e iguales pueden ser todos los posibles lectores de este libro.

Sea como sea que decidas ganarte la vida, no lo hagas solo. Hazte de amigos donde trabajes, aunque sean por conveniencia, como decía Aristóteles. Rodéate de afectos aunque no sean tus «amigos de verdad». Atravesar la vida en completa soledad es muy triste, y trabajarás tanto que te costará saber cuándo trabajas para vivir o cuándo vives para trabajar.

Entonces necesitarás rescatar todo eso que hablábamos sobre ser autosuficiente, en función de no enloquecer o dejarte arrastrar sin tocar el suelo; y, como sabes, para ello necesitarás de los demás, de un «nosotros», a pesar de que hasta ahora te pareciera una contradicción depender de otros para poder llegar a ser autosuficiente.

Rodéate siempre de amigos y remen juntos, aunque cada uno luche desde una trinchera diferente, enfrentando sus propias olas y tempestades.

Lo más deseable sería compartir de forma desinteresada los mismos fines. Es decir, que tus amigos, los de verdad, pudieran trabajar contigo, ser tus aliados en la lucha por la subsistencia. No me cabe duda de que puede lograrse, aunque solo ocurrirá cuando la sofisticación individualista que nos vuelve idiotas deje paso a ideas y planteamientos más realistas y generosos, cuando paremos de competir por demostrar quién tiene más y nos reconozcamos en el mismo contexto, porque, como ya habrás notado, todos queremos básicamente lo mismo. Y no, no necesitamos tener un jet privado. Eso es una estupidez.

Define tus metas desde la autocrítica más rotunda y verás que no son tan limitadas ni tan escasas ni tan pobres; el camino no tiene por qué ser tan solitario. Algunos afortunados habrán llegado a las mismas conclusiones que tú, así que tampoco será tan frío como a lo mejor lo habrías pensado.

Expuesto así, nada de esto se antoja imposible, ¿o sí? Tampoco es algo demasiado fácil, es cierto. Quizá con la práctica y en compañía, eso de pensar en uno en relación con los demás no sea tan complicado.

Tener un amigo no es la suma de uno más uno: tú y él. En realidad, el resultado de esta unión es mayor que la simple suma de las partes y puede abrir otras posibilidades... Ahora verás.

3. Libertad, ¿fácil de conseguir?[33]

¿RECUERDAS QUE TE DIJE que había otra forma de interpretar la libertad, pero que lo iba a dejar para más adelante? ¿Recuerdas también que hace ya muchas páginas te avisé de aquel laberinto en el que nos meteríamos si intentábamos relacionar la palabra libertad con felicidad? Pues ya puedes atar el extremo de un hilo al signo de interrogación final en el título de este capítulo, porque nos vamos a adentrar en él y no quiero que te pierdas otra vez, menos ahora, que estoy a punto de terminar. Eso sí, lo haremos desde un punto de vista diferente al que ya expuse, pues hay otra forma de entender la libertad, como también te adelanté. En este libro, todo lo prometido es deuda.

Creo que, si estás muy atento, te va a gustar.

33 Mi amigo, el profesor Enrique Dufoo, fue quien me dijo aquello de que «en educación, si algo funciona, cópialo». Pues bien, todo este capítulo dedicado a la libertad como cosa «fácil» de conseguir según Epicuro es mi homenaje personal al gran profesor y sabio Emilio Lledó, y usaré, para ello, la misma técnica que su profesor de primaria y el mío de filosofía en bachillerato usaron para enseñarnos que otro mundo es posible.

¡Pero antes de empezar (y que sepas que acabo de escuchar tu suspiro de resignación) debo pedirte una cosa más! Necesito que te tomes un tiempo de sosiego y calma, estés donde estés, y que leas con detenimiento este breve fragmento del escritor romántico alemán por excelencia, Johann Wolfgang von Goethe:

> Cosa tan natural era para Ocnos trenzar sus juncos como para el asno comérselos. Podía dejar de trenzarlos, pero entonces, ¿a qué se dedicaría? Prefiere por eso trenzar los juncos, para ocuparse en algo; y por eso se come el asno los juncos trenzados, aunque si no lo estuviesen habría de comérselos igualmente. Es posible que así sepan mejor, o sean más sustanciosos. Y pudiera decirse, hasta cierto punto, que de ese modo Ocnos halla en su asno una manera de pasatiempo.

¿Ya lo leíste un par de veces al menos? Otra más no hace daño. No flojees ahora.

¿Ya? ¿Qué te sugiere este texto? Piénsalo bien, incluso apunta alguna idea al margen de estas palabras si eso te ayuda. Y si no te sugiere nada, ¿lo comprendes siquiera? Intenta recrearlo con tus propias palabras, como cuando le cuentas un chiste o una película a un amigo, así sabrás si lo has entendido bien.

Yo conocí este texto un día que, con más o menos tu edad y sentado en un pupitre demasiado pequeño para mí, recibí en bachillerato la primera de muchas lecciones de filosofía académica que tendría a lo largo de mi vida. Aclaro lo de «académica» porque ya había recibido alguna que otra clase de filosofía bastante bien fundamentada fuera de la escuela, aunque no lo supe hasta mucho tiempo después. Quizá también te pase algún día.

Manolo, el profesor, nos dictó este mismo fragmento y nos hizo releerlo unas cuantas veces, como yo a ti. Después nos preguntó por su significado. Muy enigmático, como insinuando que en esas palabras se encerraba un tesoro solo reservado para unos cuantos elegidos, nos dijo que quien lo entendiera bien no tendría ningún problema con su asignatura durante el curso.

A la luz del comentario de mi primer *profe* de *filo*, léelo otra vez y dime, ¿qué te inspira este texto?, ¿crees que hay algo oculto en él?

Ahora, con más contexto, seguro que estás viendo un poquito más allá del sentido literal de la acción. Algo encerrará este texto para que un profesor de filosofía haga que sus alumnos lo lean y relean el primer día de clase y los rete a entenderlo, ¿no crees?

Si eres lo suficientemente curioso, a lo mejor ya buscaste quién fue ese tal Goethe, o qué fue el Romanticismo, y descubriste que no tiene nada que ver con ese sentimiento falsamente amoroso, ñoño y cursi que las florerías y tiendas de dulces explotan el día de San Valentín; que va mucho más allá de ese topicazo contemporáneo y comercial y tiene un profundo impacto y raigambre en la cultura mundial por su amplísima producción cultural, versatilidad artística y fuerza filosófica. Y que Goethe, además de escribir esto y un librote infumable llamado *Fausto*, también fue el autor de *Las penas del joven Werther*, una novela que narra las desventuras amorosas de este personaje casi autobiográfico, quien, sin poder soportar la imposibilidad moral de su amor por Lotte, se suicida de un disparo. Esta novela, además, provocó la famosa «fiebre de Werther» en el siglo XVIII, misma que después la psicología rebautizó como «el efecto Werther», más conocido hoy en día como «suicidio mímico», por imitación. Esto se debe a que varios jóvenes de la época, luego de leer la novela y aquejados por males de amores similares, decidieron atajar su dolor por la misma desatinada vía.

Y ahora que también sabes esto, ¿te sigue evocando lo mismo? No harías mal en volver a leerlo. Échale ganas.

Según la mitología griega, Ocnos, al que también puedes llamar Ocno, era el hijo del rey Tíber y de la sacerdotisa Manto; a él se le atribuye la fundación de algunas ciudades italianas y hasta de la capital de España, Madrid, cosa más que improbable. En el reino de Hades (el inframundo donde habitan los muertos para los griegos), Ocnos está condenado a trenzar por toda la eternidad una cuerda de juncos que su burra devora incansablemente. Y cuenta el geógrafo e historiador Pausanias que, en vida, Ocnos era un hombre muy afanado en su trabajo, «pero que tenía una mujer gastadora y cuanto ganaba trabajando era en seguida dilapidado por esta». Por eso, sigue diciendo Pausanias, «sé que los jonios cuando ven a alguien trabajando inútilmente dicen que tuerce la soga de Ocnos».[34]

Recordemos que todas las culturas intentan dar explicación a los fenómenos que acontecen en estos sistemas complejos que formamos; así pues, este relato se empleaba para mostrar, de manera sencilla, que hay gente que tiene la necesidad de trabajar de forma incansable con un fin por completo inútil. Más fácil aún: que existe trabajo que no conlleva recompensa alguna, y es por ello que Ocnos fue sentenciado a trenzar juncos para que su burra se los coma.

34 *Descripción de Grecia*, traducción de Antonio Tovar. Valladolid: Pausanias, 1946, pp. 716-717.

Tal parece que, para los griegos, hacer el tonto era motivo suficiente para condenarte eternamente después de muerto... Me parece maravilloso.

¿Cambió tu opinión sobre el texto? ¿Verdad que, cuanto más sabes, más matices le encuentras y es mucho más profundo y rico que cuando lo leíste al principio?

¿Qué te sugiere ahora? ¿Conoces a muchos Ocnos cerca de ti?

Hay algo que quizá tampoco sepas y que hace aún más interesante esta disertación sobre el texto de Goethe. Y es que, si esta historia es conocida en el mundo hispanohablante, no es por ser un texto sobresaliente de este autor romántico. De hecho, es uno más de sus muchos ensayos perdidos, y muy pocas veces referenciado. Sin embargo, *Ocnos* es uno de los libros más importantes de la literatura contemporánea en lengua española, obra del poeta sevillano Luis Cernuda, perteneciente a la famosísima Generación del 27. Este libro, que publicó y se completó en tres momentos diferentes de su vida mientras radicaba en distintos países (1942 en Reino Unido, 1949 en Estados Unidos y 1963 en México), se inició en los primeros años de su exilio, tras huir de la guerra civil española y luego de que decidiera no regresar a causa de la posterior dictadura fascista. *Ocnos*, en sus propias palabras, es «o pretende ser, un rescate de mi vida». Cada edición tiene más poemas que la anterior; la primera comenzó con 31 y la última tuvo un total de 63. Aunque como curiosidad, te diré que estos poemas están escritos en prosa y no en verso.

Pero si algo tienen en común las tres ediciones de *Ocnos,* es el texto que te recibe cuando lo abres. Ya intuyes cuál es, ¿verdad? En efecto, el que acabas de leer, traducido del alemán al español por el propio poeta hispalense.

Luis Cernuda fue un personaje incómodo para su época, un «inmoral» como Oscar Wilde, para que me entiendas mejor. Heredero cultural del Romanticismo, erudito incansable, ignorado por muchos obtusos de mente, reconocido por genios afines a su sensibilidad y entendimiento del mundo como Lorca, orgullosamente homosexual, abiertamente anticapitalista, surrealista de joven y realista poco después y hasta la muerte. Frío y perfeccionista en el trato y cálido en la intimidad de los amigos, defensor de la poesía como un espacio público que deben hacer suyos los lectores y no un megáfono para pregonar las interioridades torturadas del poeta.

Algunos críticos literarios interpretan el texto de Goethe en *Ocnos* como una queja y advertencia amarga de Cernuda, quien es consciente de que por más que nos alimente con sus poemas, no somos más que burros, y los devoraremos sin más, incapaces de sacar provecho o sustancia alguna de ellos. Otros, tal vez más generosos, ven en la acción del propio Ocnos algo mucho más noble y desinteresado, más afín al corazón del poeta. Él no sabe si los juncos le saben al asno más sabrosos trenzados o no, pero aun así sigue con su tarea, quizá porque alberga la esperanza de que trenzados unos con otros le sean más sabrosos, más sustanciosos, más enriquecedores. Puede que su trabajo sí tenga algún sentido entonces, alguna recompensa oculta, aunque Ocnos jamás llegue a saberlo a ciencia cierta.

Quizá así sea la labor de quienes empeñan su vida en enseñar a los demás las complejidades del mundo. Y tal vez los educadores, los Ocnos que trenzan juncos y conocimientos, que destejen sistemas complejos y los vuelven simples para que así puedan entenderse mejor, con la esperanza de que sus alumnos lo asimilen, deben asumir su labor con resignación, sin esperar recibir ninguna recompensa.

Quizá sea eso. Quizá no. Pero ni siquiera el propio Luis Cernuda esperó reconocimiento al escribir este libro y otros más. Usando su voz, ahí es donde habita el olvido, pero también la posibilidad.

No te lo quería decir hasta ahora, pero déjame contarte un último detalle que, a mi parecer, no carece de importancia. En esa interpretación mítica que hacen los griegos antiguos para entender las cosas, Ocnos también simboliza, amén del trabajo no recompensado, **la duda**.

Es posible que mi profesor estuviera intentando enseñarnos eso. Quizá la duda sea la mejor herramienta posible para acercarse y entender la filosofía, y con ella al mundo y a quienes vivimos en él. No lo sé, pero aquella primera clase me ha servido al menos para enseñarte esas otras realidades de «lo otro», tan necesario para poner en juego tu pensamiento crítico.

Hazte un favor y vuelve a leer el texto de Goethe. Con calma. Saborea cada palabra y piensa un rato en él. Y en todo lo que te acabo de platicar.

Y ahora, ¿verdad que ya no parece el mismo texto? ¿Qué cambió para que te parezca diferente? Sigue pensando: ¿cambió el texto o cambiaste tú?

Posibilidad y libertad

La educación, como ejercicio fundamental y necesario para subsistir y poder crecer como civilización, ha sido un pilar fundamental en todo desarrollo filosófico a lo largo de la historia. No hay autor que no le dedique una reflexión, un capítulo, un libro o muchos de ellos. También es un lugar común, deseable en toda cultura medianamente avanzada, el tener un especial mimo a la hora de desarrollar, **actualizar**, esa **potencialidad** intelectual del alumno en pro de la comprehensión de conocimiento.

No voy a hablar sobre la instrumentalización de la educación en función de intereses políticos, o de control, o de priorización y segregación social; eso ya lo hice en libros anteriores y también usaré el que está por venir como excusa para meterme en ese jardín, a ver cómo me va. Ahora solo me interesa que, tras la experiencia del capítulo anterior, identifiques qué ha pasado mientras lo leías, y si estimas que no sucedió nada, o te saltaste algo importante «sin querer», vuelve atrás y léetelo de nuevo. Hazte el favor; de lo contrario, nada de lo que hablaremos ahora tendrá sentido.

Fíjate, el lenguaje es ese testigo chismoso de nuestra forma de pensar y actuar frente a las cosas.

Cuando tienes prisa, cuando no puedes o no quieres dedicarle tiempo a algo o a alguien, pero igual te obligas a ocuparte de ello aunque sea un instante, decimos que lo has visto «por encima», o «por encimita» o «de pasada». Si por el contrario es algo que te interesa mucho, porque está en juego algo muy importante o se trata de un asunto que te apasiona, entonces querrás saber más, ¡o incluso todo lo que sea posible! Y te esforzarás y sin miramientos le dedicarás el tiempo que sea necesario. En ese momento diremos que lo conoces o lo has estudiado «a fondo», «en profundidad» o «con detenimiento».

Como te decía, estos giros del lenguaje coloquial son muy reveladores. De seguro, mientras leías estas enumeraciones que tanto me gusta hacer, te dio la sensación de percibir volúmenes, o capas que se superponen la una a la otra, algo que está arriba, por encima, y algo que está abajo, en lo hondo. Siendo, además, lo profundo aquello que se considera valioso, y lo superficial... pues eso mismo, superficial, superfluo.

Lo que está abajo nos da esa sensación de inamovible, de fijo, como si fuese el centro pétreo de la Tierra, y lo que está arriba es volátil, como el aire o el humo. Lo que está fijo y en lo profundo permanece y no se olvida. Lo que está arriba es efímero, perecedero, y la memoria no tarda mucho en dejarlo marchar, como las mentiras que son un ser y no ser al mismo tiempo. Pero ¿tiene esto algo que ver con la realidad?

A medida que recorrías el capítulo anterior, mi propósito era que ahondaras poco a poco en el conocimiento de lo que leías, que vieras más allá de la superficie y profundizaras a través de las diferentes capas de realidades afines al texto; por supuesto, buscaba tu sorpresa, el asombro que provoca ese giro emocional que hace crecer tu curiosidad por saber un poquito más, a pesar de que, seguramente, ya acusas agotamiento por todo lo que llevamos hablado. Pero ahí estabas, y a cada rato de lectura, a cada nuevo descubrimiento, no solo sabías algo más, también te atrevías a suponer otras cosas, otras ideas sobre el mismo texto que quizá estuvieran ahí, esperando ser descubiertas. Osabas reinterpretar las mismas palabras que ya habías leído, las examinabas de nuevo aunque con otros ojos, y las saboreabas de diferente modo, como una sustancia nueva. Subraya esto, porque es importante: conocer es abrir el horizonte al pensamiento.

Cuando hablábamos de pensamiento crítico, te comentaba que, para que este surja, es necesario no solo entender las cosas desde tu razón y tu experiencia, pues eso es lo que hacen los individualistas y los imbéciles. Antes bien, es fundamental entender por qué «los otros» piensan como lo hacen y bajo qué circunstancias sucede todo esto. Solo así podremos pensar bien, y hacerlo de forma crítica.

Ese es justo el ejercicio que hicimos con el texto de Goethe: pensarlo de forma crítica. Para ello, tuvimos que conocer a quienes intervienen directa e indirectamente en él, sus diferentes contextos y circunstancias, y todo esto, en juego constante con tu propia razón y tus experiencias, hizo brotar las ideas. Diferentes, no me cabe duda, a las de algún compañero al que sometas al mismo ejercicio. Sin embargo, todas serán el resultado de conocer y de pensar de manera crítica. Todas son, como desde ahora las llamaremos, de manera grandilocuente, rimbombante y entrecomillada: «Posibilidad».

Conocer es generar posibilidad.

El centro de la Tierra no es una roca dura y fría, ni inmóvil, ni imperturbable, mucho menos eterna, como quise hacer ver más arriba. El corazón de nuestro planeta es una bola de metal líquido a 6 000 °C, como en el Sol, en convulsión constante y frenética, sometida a una presión inimaginable. ¿Que por qué te cuento esto? Porque en contra de lo que nuestro lenguaje nos puede hacer creer, cuanto más profundizamos en el conocimiento de algo o de alguien, más se expande ese concepto de «posibilidad». Y esto nada tiene que ver con la inmovilidad, la frialdad o la perpetuidad.

Es en el conocimiento superficial donde hace frío, donde habita la inmovilidad, el acriticismo, la imposibilidad, la incertidumbre, y es también donde nuestros miedos se apoderan de nosotros. Huimos, atacamos, nos hacemos los muertos o nos sometemos. Porque si no conocemos bien las cosas, tampoco podemos pensar bien, y no sabremos, a ciencia cierta, qué podemos o debemos hacer. Cuando desaparece nuestra condición de humanos, actuamos como los animales que somos: por puro instinto, sin poder elegir ni decidir. ¿Te recuerda a algo?

A pesar de la aparente estrechez de la libertad, tamizada por las características propias de toda moral y su forma de hacerte pensar, el conocimiento nos legitima a decidir y vuelve a ensanchar la libertad: nos da posibilidades. Se ensancha, no de una forma genérica o metafórica, sino consciente, racional, real para quien lo experimenta. Y esto nos permite elegir y no conformarnos con lo que a simple vista se nos presenta, o con lo que dicta por instinto nuestra naturaleza animal.

Esto mismo sucedió mientras te hacía leer una y otra vez sobre Ocnos. Conociste al personaje mítico, al escritor romántico, al poeta sevillano, sus pensamientos, sus contextos, sus repercusiones históricas, sus pasiones y debilidades, cómo vivieron, cuándo, dónde...

Y al resultado de todo este proceso de aprendizaje, en el cual trenzaste a tu modo los elementos presentados, se le debe dar nombre desde el entendimiento. No solo como una percepción sensorial, difícil de externar y compartir, sino como algo tangible, como ese «lo otro» que ya has usado, sentido y disfrutado, que hiciste tuyo porque lo has creado. ¡Exacto! ¡Eso es la libertad! Esa libertad de la que quería hablarte hace mucho tiempo atrás, y que necesitabas experimentar para poder entenderla en toda su fuerza. ¿Verdad que no fue tan difícil?

La educación, el conocimiento... todo eso es posibilidad. Y la posibilidad es libertad. Esta forma de dar cuerpo a la libertad es vital para poder elegir y decidir. Y he aquí de nuevo por qué ambas acciones son la articulación necesaria entre ética y moral, entre el modo en el que nos relacionamos y las normas que establecemos para ello.

Sin la mediación de la libertad, nuestra capacidad de elegir y decidir desaparece. No elegimos, asumimos. No decidimos, acatamos. Entonces cualquier moral es castrante, alienante y tirana, porque nos es impuesta y anula todo ejercicio de la razón. Hacemos lo que nos dicen y no hacemos lo que nos prohíben por el simple miedo al castigo, no por elección personal. No confiamos en los demás, no somos responsables, somos cosas que hacen cosas.

El conocimiento, la posibilidad y la libertad dotan de significación a la confianza como un ejercicio racional, crítico y buscado. Por ende, también da carta de existencia a la responsabilidad, como un todo del que eres juez y parte.

Vuelvo a preguntarte: ¿verdad que no fue tan difícil?

Conocer requiere cierto grado de esfuerzo y dedicación, es cierto, pero solo el justo para descubrir los parabienes y el placer que conlleva. Una vez degustado, no es un platillo que demande esfuerzo para acabar con él. Además, para mayor gozo de todos, jamás se agota.

Si te gusta la historia, la lectura, el cine, la música, lo que quieras, nada relacionado con esto te será extraño o poco apetecible, y aprenderás más y más sin esfuerzo. Porque el placer de conocer está intrínsecamente ligado al disfrute de poder elegir entre un abanico cada vez más grande de posibilidades y así saberte libre. ¿Te imaginas si pudieras extender esto a todos los aspectos de tu vida? Que esa pasión que te inunda al escuchar a tu artista favorito puedas sentirla cuando se trate de conocer a los otros y sus circunstancias.

¿Me estás diciendo que lo bueno sí es fácil de conseguir?

¡PERO SI ESTO *no tiene nada de fácil!*

Estás en todo tu derecho de reclamarme y decirme que Epicuro era demasiado optimista si creía de verdad, y no como un postureo intelectual, que amistad, autosuficiencia y libertad eran cosas fáciles de lograr. No nos cabe duda alguna de que sean buenas, eso está claro, pero ¿fáciles? Y no te faltará razón.

Epicuro luchó toda su vida por vivir según sus propias enseñanzas y, a pesar de todo lo dicho y lo que ha quedado por hablar, estás en lo cierto: no le fue tan fácil vivir como quiso. Invitaba a su jardín a todo tipo de gentes sin distinción, y en una sociedad tan clasista y estratificada como lo era la griega de aquel entonces, esta forma de actuar no estuvo nunca libre de acusaciones de inmoralidad, objeciones de todo tipo y una fuerte carga de repudio público. Algo muy lejano del reconocimiento que cabría esperar hoy.

No voy a profundizar más en su filosofía, este no es el lugar para hacerlo. Pero solo para que te hagas una idea de lo vanguardista de su pensamiento, fíjate en esto. Para él y sus seguidores (porque también los tuvo y eran muchos) no existía diferencia sustancial entre hombres y mujeres. Ambos cuerpos, el femenino y el masculino, están formados por átomos. ¡Sí, sí, átomos! Conocían la existencia teórica de los átomos, ya que Leucipo y Demócrito ya habían hablado de ellos más de 100 años antes. Así pues, argumentaban que la única diferencia entre un hombre y una mujer es la manera en que se combinan estos átomos entre sí y con el vacío que existe entre ellos, pero que la esencia de ambos es básicamente la misma. Esta forma de pensar, en un momento en el que la mujer era relegada al hogar y carecía de papel público a menos que fuera hetaira[35] o sacerdotisa de algún dios, no fue del agrado de sus vecinos, quienes veían cómo en su jardín recibía como iguales a hombres y mujeres de cualquier estrato social.

Su escuela se vio opacada por otras escuelas coetáneas; los **peripatéticos**, **escépticos** o incluso los **estoicos** fueron más del gusto de los romanos, quienes no tardaron en invadir los espacios griegos y hacerlos suyos. Siglos después, la llegada de una religión monoteísta que conoces muy bien, y que presumía un nuevo sistema moral heredero de su propia tradición, encumbró al pensamiento de Platón y Aristóteles, porque se adaptaba muy bien a sus necesidades, y así quedó para la posteridad, sepultando y distorsionando lo poco que quedaba de útil y de cierto en las enseñanzas del viejo Epicuro de Samos.

35 Las hetairas o heteras eran un tipo de prostituta de alto *standing*, o dama de compañía si eres muy pudoroso, que gozaban de una rica educación y eran las únicas que podían participar en reuniones con filósofos, políticos y destacados miembros de la sociedad. Así, ellas también llegaban a ostentar un gran prestigio, amén de ser independientes económicamente hablando.

Escribió más de 300 obras según algunos cronistas, pero todas desaparecieron y solo nos quedó un puñado de cartas y poco más.

La coherencia tiene ese precio. El «nosotros» nunca es absoluto, ni completo, ni perfecto, ni simple. Porque siempre hay un «ellos», más bien muchos «ellos», y cuando los «ellos» se imponen al «nosotros» ya sabes lo que ocurre. Entre ellos y nosotros, nunca dejaremos de enmarañar el mundo. Pero, a pesar de todo, has visto que sí existen formas de hacerlo más amable, más cómodo, más posible. Más humano al fin y al cabo, que es de lo que se trata esto de la ética como disciplina filosófica que estudia la moral.

Todas estas ideas, conceptos y enseñanzas que he usado como guía me han servido para ir abriéndote toda clase de horizontes y posibilidades.

Hemos podido penetrar más en las cosas, en «lo otro», hacerlo más tuyo y que así pudieras notar las potencialidades están ahí, dentro de ti y de todos. Comprobaste que nunca hay tanta diferencia en cómo y qué sentimos o pensamos, entre el gozo de la amistad o el miedo a lo desafiante, ni hoy, ni hace 2300 años, ni nunca. Y, sobre todo, aprendiste que hay que darse la oportunidad de descubrir todo esto para no creernos tan solos, tan incomprendidos, ni tan vulnerables.

Debemos conocernos, no como individuos, sino como un todo; solo así podremos ser más libres y poderosos, a pesar de los impedimentos y zancadillas que, intentando simplificar las cosas, nosotros mismos solemos ponernos.

El problema, y la dificultad, de conseguir disfrutar de estas cosas buenas, y otras más que por afinidad también existen, como la amistad, saberte autosuficiente y libre, es que nosotros mismos, nuevamente y sin saberlo, las hemos ido alejando tanto, las hemos ido extrañando tanto de nosotros, que ahora nos parecen imposibles, ajenas, utópicas. Por eso te hablaba de la confianza, y de la falta de ella.

La desconfianza no solo es un síntoma de nuestros conflictos internos y morales como animal humano; también es, en gran medida, la causa de estos.

Como puedes ver, ya te lo había dejado caer antes; pero ahora, a punto de separarnos y con todo lo nuevo que has aprendido, recordemos cómo empezamos este camino.

Cerrando el círculo, de vuelta a la amistad

Ahora que ya conoces el verdadero significado de «conócete a ti mismo», y que juntos hemos aprendido a pensar de forma crítica, empezamos a atisbar qué es la libertad y, finalmente, experimentaste la sensación de elegir y decidir por ti mismo con fundamento.

Ahora, retoma todas las lecciones anteriores y pregúntate: ¿consideras que puedes llegar a conocer, de verdad, a los demás si no confías en ellos? ¿Crees que puedes aprender de lo que otro te diga si no confías en él, así se trate de un profesor, un vecino, un político, un libro...? ¿Cuánto tardaste en confiar en mí, en aceptar que a lo mejor tenía algo que contarte y que quizá te fuera de utilidad? ¿Qué tanto te demoraste en olvidar que quizá estabas leyendo este libro por obligación, y que en un principio te negabas a aprender cualquier cosa, solo por la rebeldía ante la imposición? Si no confiamos los unos en los otros, ¿cómo podremos ser amigos? ¿Cómo podrás descubrir qué necesitas para ser feliz si no te das la oportunidad de tener amigos?

Te lo preguntaré de otro modo: desde la desconfianza, ¿cómo podrías conocer «al otro» y a sus circunstancias para ser dueño de tu propio pensamiento crítico y, por fin, disfrutar de ser libre y no una marioneta más en un sistema moral impuesto que no ves, no comprendes ni reconoces y por tanto anula tu capacidad de elección y decisión? No. Así, desde la desconfianza, no se puede ser feliz. Tengas lo que tengas, te pongas como te pongas, no tendrás forma de dotar de sentido a la vida, porque solo no puedes.

Decía Aristóteles que «sin amigos nadie querría vivir» y que, además, «no confíes nunca en alguien que no tiene amigos». Por eso, te repito, no hay que hacer caso jamás a aquellos que aseguran que no tienen amigos, que no les hacen falta y que además son felices así. Eso es imposible por constitución, pues, como hemos visto, sin los otros no sabremos nunca qué es la felicidad; no podemos aprender de la nada, sin otro en quien confíes para que te enseñe; y, sobre todo, es imposible aprender de uno mismo. Al vivir sin amigos, sean de verdad, por interés o por diversión, también nos negamos la libertad, a pensar de forma crítica y a poder elegir o decidir.

Sé que soy muy intenso y que te repito mucho las cosas, como si no confiara en tu capacidad de entendimiento. Perdóname. Pero necesito decirlo por última vez: sin amigos, en soledad, la felicidad se convierte en una palabra vacía y sin sentido, en una tortura, en una promesa inalcanzable, en algo que puede aplastarte y devorarte sin piedad. ¿No lo ves?

Una última cosa

Mientras te escribía este librito hablé unas cuantas veces con mi padre sobre algunos aspectos de la vida de mi abuelo que me parecían interesantes y que, estimé, te podrían servir para entender algunas cosas.

Por alguna razón que ahora mismo desconozco, siempre tuve a mi abuelo en mente, como a ti, desde el inicio. Quizá como esa presencia constante de la volatilidad y la relatividad del tiempo que divide sin compasión a una generación de otra: a la mía de la de mi padre, o a la tuya de la mía. Una presencia que le da al de mayor edad esa falsa sensación de que solo por ser más viejo debe tener alguna influencia jerárquica sobre quien le va siguiendo los pasos; alguien que acabará enterrándolo, si tiene suerte y la vida lo trata bien. Espero que nunca hayas tenido esa sensación mientras hablábamos, nunca lo he pretendido.

¿Qué decías que hablabas con tu padre, Vico...?

Tienes razón, ya estoy flotando otra vez. Te cuento esto último y nos despedimos.

En los últimos lustros de vida de mi abuelo, siempre que iba a visitarlo y no lo encontraba en su casa tenía que dar un paseo por su barrio porque sabía que estaría sentado en algún banco, en una cafetería, o paseando cerca con los que él llamaba «los muchachos». Mi abuelo ya calzaba los 80 años y seguía llamando «muchachos» a los amigos con los que echaba el rato: señores avejentados como él, y que en algún caso pasaban ya de los 90 años.

Recordando esto, le pregunté a mi padre si esos muchachos eran sus amigos de la infancia, y mi padre (que nunca en la vida ha leído a Aristóteles, ni pretende hacerlo, ni necesita hacerlo en realidad) me contestó:

«Todos estos muchachos son amigos de vejez. Sus amigos, los de verdad, los de Triana, a los que yo conocí, fallecieron hace tiempo. Además, fueron sus compañeros durante la guerra».

Deja que te hable de mi abuelo. Solo unas líneas, seré breve.

Mi abuelo, Antonio Pastor Bernal, nació en el popular barrio de Triana de Sevilla, en 1917, en un momento, un lugar y una realidad tan miserables que, como te conté, de niño solo podía jugar con sus amigos a ver quién orinaba más lejos; cualquier juguete era impensable, salvo que pudieran hacerlo ellos mismos con lo que encontraran en la calle o en el campo. Mi abuelo tuvo una infancia tan pobre que por toda «posesión» solo tuvo amigos, nada más y nada menos. Amigos que lo acompañaron en la Guerra Civil, esa que obligó a exiliarse a miles, como Cernuda, y que asesinó a otros cientos de miles durante y después de la misma. ¿Dónde podrías imaginar más necesaria la presencia de un amigo de *los de verdad* que en una guerra donde tu vida está en un entredicho constante? El resto de su vida, como la de todos los que no tenían apellidos afines al régimen franquista, no fue fácil.

No es gratuito que yo naciera en Bélgica. Allí fue donde tuvo que ir con toda su familia a cuestas, huyendo de esos enemigos sin rostro que son el hambre y la carestía.

Con los años, muerto y enterrado con honores el dictador, mi familia regresó a España y allí permaneció él hasta su último día. El abuelo enviudó demasiado pronto (aunque supongo que, para todos los matrimonios bien avenidos, la muerte de uno de ellos siempre es demasiado pronto), y mientras esperaba la visita de sus nietos e hijo, pasaba los días con sus amigos en el Barrio de las Golondrinas.

No eran sus amigos de verdad, los que hicieron con él la guerra. Eran los amigos de ese momento, los amigos que, por conveniencia mutua, decidieron pasar juntos los últimos años de sus vidas, entreteniéndose los unos a los otros, contándose historias, fanfarroneando de conquistas de juventud, consolándose unos a otros por las pérdidas que, con esa edad, es imposible no sufrir, hasta que te llega tu momento. Porque con la edad, una de las cosas que descubres es que, si estas solo, tu voz no se oye, porque nadie está ahí para oírla. Y entonces permaneces en silencio, y el silencio es el más fiel y servicial aliado del miedo.

Si mi abuelo, con toda una vida a la espalda, con más de 80 años, pudo rodearse de amigos para vivir mejor, ¿cómo no vas a poder hacerlo tú?

Sé valiente, haz lo que sabes que tienes que hacer.

Se valiente y piensa.

No sé, pero tengo la sensación de que se me han quedado mil cosas por hablar contigo. Aunque también siento que, sin pretender ser ningún adivino, volveremos a encontrarnos algún día y seguiremos charlando donde ahora lo hemos dejado. Hablaremos nuevamente sobre ti si así lo quieres. Aunque, si me lo permitieras esta vez, preferiría que fuese, mejor, sobre nosotros.

Continuará...

Audax sed cogita

Glosario filosófico mínimo

Voluntad

Es una palabra de origen latino, *voluntas*; esta, a su vez, deriva de verbo *volo, velle*, que significa «querer» o «desear». Cuando se habla de voluntad en filosofía, no solo abarca el sentido literal de la palabra, que suele definirse como intención, deseo o, incluso, como la libre determinación de alguien (ej.: «Obró así por su propia voluntad»). También se entiende la voluntad como una fuerza o potencia del carácter, que puede ser educada y canalizada mediante el uso de la *razón*; del mismo modo, puede ser anulada o sometida por uno mismo o, en la mayoría de los casos, por otro, u otros, y sus circunstancias. Autores como Nietzsche irán más allá y propondrán la existencia de una *voluntad de poder*, una fuerza creativa afín a la naturaleza misma y a cada elemento que la compone; Schopenhauer afirmará que podemos percibir la voluntad incluso en espacios del conocimiento que nada tienen que ver con la vida, con lo biológico. Así pues, la voluntad está presente tanto en la ley de la gravedad como en el espíritu de los hombres.

Razón

Este es el concepto fundacional de la filosofía y, por tanto, el más amplio y ambiguo de explicar. El origen de esta palabra, aunque nos ha llegado del latín *ratio*, es griego y se conoce como *logos*. El logos griego tiene varias traducciones posibles: palabra, argumentación, pensamiento o razonamiento (perdón por usar la misma palabra para definirla, pero así son estas cosas). Se atribuye a Heráclito haber inaugurado el uso filosófico de esta palabra; aseguraba que la razón explicaba al mundo y a la naturaleza, por lo que debía ser universal, inamovible y necesaria. La razón debía ocupar el espacio que hasta el momento habían llenado las explicaciones míticas; de ahí que se pueda traducir como «palabra». Por tanto, era y es la argumentación el instrumento necesario de la razón. Hoy en día, al definir al animal humano siempre le atribuimos la razón como característica diferenciadora del resto de los animales, y señalamos el lenguaje como su capacidad de desarrollo y expresión.

Naturaleza

Y aquí está el campo primero de estudio de la filosofía. No, no me refiero al hombre, como ahora podríamos pensar desde nuestra percepción egocéntrica del mundo, sino a la naturaleza, la *physis* para los griegos. Es por esto por lo que su definición será igual de ambigua que la anterior. Presta atención: el primer uso que se le dio a esta palabra en la filosofía fue el de designar el origen de las cosas (el *arjé* de la *physis*), pero no solo eso; también aplicaba para referirse al desarrollo de cualquier cosa o proceso. ¿Difícil? Aristóteles se refería a los filósofos anteriores a Sócrates, los presocráticos, como «físicos», porque justo este era su campo de estudio: el origen de las cosas, de la naturaleza, y cómo se desarrollaban e interactuaban, si es que así sucedía. De esa época son las interpretaciones del origen de la naturaleza como la conjunción de aire, tierra, agua y fuego, o alguno de esos elementos aislados, o ideas más abstractas como el *apeiron* (lo indeterminado de Anaximandro). Aunque no fue hasta los estudios sobre la naturaleza de Aristóteles, la física aristotélica, que se empezó a dimensionar este concepto tal como hoy lo entendemos. No solo como el universo de cosas que se nos presentan dadas, sino también la esencia de ellas, el cómo son (ej.: «El perro ladra porque así es su naturaleza»). Vuelve a leer esto un par de veces, es más fácil de entender de lo que parece. Si no lo tienes claro, sigue leyendo, no te agobies.

Felicidad

Palabra que proviene del latín *felicitas*, pero en realidad es heredera del concepto griego *eudaimonia*, que literalmente se podría traducir como «buen espíritu». Para Aristóteles, que no fue el primer filósofo en tratar el tema de la felicidad, pero sí el más concreto y metódico, la felicidad o la construcción de la misma es el significado y propósito de la vida. A esto se le llama «teleología», o sea, el estudio de las causas finales, de los propósitos de las cosas, ya sean objetos o seres como tú y como yo. Para que lo entiendas: la felicidad es el fin teleológico de los animales humanos. Para los filósofos de esta época, era común vincular la felicidad a la ética, o más bien a un tipo de moral al que después se le llamó «ética de la virtud», la cual era el único camino posible para lograr este fin. Así pues, una vida virtuosa, que era entendida como la mejor manera posible de vivirla, nos llevaría a la felicidad; pero no como un momento fugaz, ni como la satisfacción por el logro de riquezas, fama o algún otro tipo de placer meramente sensorial, si no como un estado mental. Hoy en día la felicidad es un producto de mercadotecnia con un fin muy claro: que vivas de una determinada manera, muy alejada al concepto original de felicidad. Pero seguro te preguntarás: ¿qué es una vida virtuosa? Más adelante te lo cuento.

Cosas cognoscibles

Este concepto es fácil de entender. Hablamos de cosas cognoscibles como aquellas que podemos llegar a conocer o aprender. Algo cognoscible son las piedras, por ejemplo, o las fuerzas que interactúan entre una piedra y tu cabeza. Si conocemos y entendemos ambos elementos, podemos predecir qué pasará si finalmente chocan, o qué debemos hacer para que esto no suceda. Podemos conocer todos los huesos y demás partes del cuerpo humano, entender cómo funcionan; de este modo, podremos predecir qué pasará si comes hamburguesas todos los días o qué hacer cuándo se te obstruyan las coronarias. A pesar de esto, la naturaleza del animal humano, su forma de pensar y su modo de interacción con las cosas y con otros animales humanos serán siempre difíciles de predecir y hasta de entender. Así que tal vez aún no estamos preparados para incluirlo en el conjunto de las cosas cognoscibles.

Devenir

En lo personal, este es uno de los conceptos filosóficos que más me gustan. Su etimología es muy sencilla y proviene del verbo latino *devenire* (venir), que tanto en español, como en francés, ha llegado igual a nuestros días: devenir. Pero en filosofía, y en especial para la rama de la filosofía llamada ontología, *devenir* significa la posibilidad o proceso de cambio de una cosa cuya característica esencial es ser, o sea, que existe como tal. De nueva cuenta se atribuye a Heráclito la primicia en el desarrollo conceptual de esta idea, ya que fue él quien planteó eso que ya habrás oído alguna vez: todo fluye y nada permanece. Con estas palabras y la definición anterior, se podría parafrasear el principio de Heráclito como: todo ser está en un constante devenir. ¿No te parece hermoso? ¿Que qué es la ontología? No tienes llenadera.

Ontología

Por fortuna, te he dado ya algunas definiciones que, debidamente interiorizadas y relacionadas, te ayudarán a entender un poco mejor esta palabra sin tener que ir por un par de aspirinas. Ontología es la conjunción de las palabras de origen griego *ontos* (ente o ser) y *logia*, que a su vez proviene de la unión de *logos* y el sufijo *-ia* (cualidad). Así pues, podemos definir la ontología como la rama de la filosofía que razona sobre el ser, sus cualidades y relaciones o, como manda la tradición académica: la ciencia del ser en cuanto ser y de lo que en esencia le pertenece. ¿Cómo te quedaste? Pero si te digo que lo que tienes en la mano es un libro, estarás de acuerdo conmigo en que el libro es una cosa, por tanto, un ente, un ser cognoscible de la naturaleza, y que mediante la razón puedes comprender y aprender de él tanto por lo que dice, como por la forma en que está fabricado (su propia naturaleza). Pero a la vez, y ya que lo estás sujetando, el libro participa de la idea de unicidad (un libro, no dos ni tres, uno, tienes un libro en las manos) que es una *idea universal* compartida por todas las cosas que se pueden contar y suman uno, y el libro es un particular que la «tiene», que comparte de esta idea universal de uno, porque es uno, ¿bien? La cuestión ontológica en este caso es: ¿existen las entidades abstractas, como los números? ¿Existen las ideas? Porque lo que sí existe es el resultado de ellas, tanto como un sentenciado a muerte es el «particular» de una idea concreta de *justicia* aplicada sobre él. Entonces, ¿existe la idea de justicia, o hay muchas justicias, o lo que existen son las interpretaciones de esta? ¿No debería ser la idea de justicia universal, inamovible y necesaria? Pero para que exista la justicia debe existir la *verdad*, ¿no? Obrar de manera justa debería ser el resultado de conocer la verdad y dirimir de ella el *bien*. Y si existe el bien, ¿existirá el mal? Y si ambos existen, ¿quién o qué determina qué es bueno y qué es malo? ¿Quién o qué le dio esa categoría absoluta? ¿Quién o qué permite que esto exista tal cual, y dónde están ubicadas estas ideas o cosas? Y si seguimos haciendo estas preguntas pasaremos de la ontología a la metafísica. ¿A que ya no me quieres preguntar qué es la metafísica? Ese incipiente dolor de cabeza que sientes es real y existe gracias al ejercicio de la ontología.

Sofista

Este es uno de tantos conceptos a los que se le da un significado diferente del que su etimología anuncia. Verás: sofista es el resultado de la unión de las palabras griegas *sophia* y *sophos*, sabiduría y sabio, o sea que mejor pedigrí no podría tener la palabrita, y sería algo así como el sabio que enseña sabiduría. Pero quiso la historia que esta palabra fuera cambiando con los años y, ya en el periodo clásico, empezó a girar hacia un uso mucho más práctico de la enseñanza, sustituyendo la sabiduría por el arte de la oratoria, un campo menos contemplativo, menos virtuoso, pero mucho más agradecido pública y económicamente hablando. Píndaro tachó a los sofistas de charlatanes, y Platón y Aristóteles también se despacharon muy a gusto contra ellos; de hecho, para escarnio de las argumentaciones de los sofistas, este último acuñó el término *sofisma*: un argumento falso que con malicia busca parecer verdadero, con el único fin de lograr un propósito particular y no un ahondamiento en la verdad, que sería lo virtuoso (o sea, la filosofía).

Bien, verdad y belleza

¿Creías que habíamos acabado con la ontología? Platón se incrustó en nuestra forma de pensar con tanta fuerza que hoy en día podemos encontrarlo por todas partes sin darnos cuenta. Platón afirmaba que las ideas existían de manera objetiva e independiente, y a estas ideas se les llama «los universales», los cuales, igual que lo harían los personajes de Marvel, se sitúan en un universo igual de fantasioso, en el «mundo de las ideas». Las ideas, por tanto, no están en la mente de las personas. Esas son meras copias. Las ideas de verdad habitan en este mundo de las ideas (*kosmos noetós*, en griego), y bien, verdad y belleza son, según las diferentes interpretaciones de sus textos, el máximo exponente de los universales. ¿Te suena un poco fumado? Olvídate de la cuestión fantasiosa de dónde están estas ideas y demás cosas raras, como su correlación con el mundo físico y material. Piensa sobre esto unos instantes: Platón afirma que la verdad posibilita el bien, es su garantía, y que todo bien ha de ser por definición bello. Sé que todavía no lo ves claro, pero ahí te va. Pon la televisión y espera al primer anuncio de lo que sea. El producto que te quieren vender se presentará como algo verdadero, existente, real, y además es bueno; tan bueno que debes comprarlo para disfrutar de ese bien que te aportará. Por si fuera poco, te lo presentarán de la manera más bella posible, el modo que más agrade a tus sentidos o a tu sensibilidad intelectual: una chica despampanante, unos jóvenes guapísimos haciendo deporte, un paisaje idílico, imágenes aéreas de una ciudad increíble... ¿Lo ves ahora? Abre un cómic, o pon una película de superhéroes y busca al héroe y al villano: Batman y Guasón, Superman y Doomsday... Si el villano no es feo o deforme, lo será por dentro; su aspecto físico no tendrá una correlación verdadera con su interior malvado y, por lo tanto, a tus ojos se volverá feo, aunque a simple vista no lo sea. ¿Aún no? Pues hazte un favor e investiga el porcentaje de personas bellas contra feos que ingresan en prisión, y desespera si al nacer no fuiste tocado por el dedo de la belleza.

Maniqueísmo

El maniqueísmo es una religión oriental fundada por el sabio Mani o Manes en el siglo III después de Cristo. Esta religión, como tantas, es profundamente dualista. Creían que existía una lucha constante entre dos principios opuestos que lo determinaban todo: el bien y el mal (otra vez). Así que, por ejemplo, el alma que es luz y bien es de dios, pero está aprisionada en el cuerpo que es oscuridad y mal, y pertenece al demonio. Para lo que nos importa, esta idea maniquea es la que da origen al uso de la palabra actual: creer que todo es bueno o es malo, sin escala de grises y sin interpretación posible. ¡Cuidado con los maniqueísmos en moral y política, porque engendran monstruos!

Tautología

En griego esta palabra significa «decir lo mismo». Implica una afirmación tan obvia y redundante que no aporta absolutamente nada.

Como aquella sentencia tan mexicana que dice: así pasa cuando sucede. Pero ampliar el vocabulario nunca está de más, ¿no crees?

Dogma

Según el diccionario, un dogma es una proposición que, por firme y cierta, se asienta como un principio innegable. Esta será una idea o principio tan enraizado y sólido que impedirá ser cuestionado. Las religiones se basan en dogmas, pues cuestionar sus principios puede hacer tambalear su propia construcción. Un pensamiento dogmático será aquel que impida no solo la crítica sobre su origen y fundamentación, sino la posibilidad de existencia y validez de cualquier otro pensamiento ajeno a él. ¿A qué te suena? Huye de los pensamientos dogmáticos como de una lluvia de mierda, porque son estos los que impiden evolucionar, crecer o arrepentirse para, por lo menos, intentar no errar otra vez. Aunque no se puede negar que todo dogmatismo inhibe la autocrítica y hace más «fácil» la vida a quienes lo profesan, de ahí también su éxito milenario.

Barril

¿Barril?

En el siglo IV a. C. apareció en Grecia una corriente de pensamiento conocida como la «escuela cínica». *Cínico* viene del griego *kyon*, que significa «perro». Esta escuela decía que vivir de forma desprendida y con las mínimas necesidades era lo más afín a la libertad y, por tanto, la manera acertada para poder ser feliz. O sea, vivir como un perro vagabundo. De ahí su nombre. Entre los seguidores de esta escuela destacan Diógenes de Sínope, también conocido como Diógenes el Cínico, o el Perro. Cuenta la historia que vivió en Atenas metido en una tinaja de barro, aunque después el tiempo y la literatura convertirían esta tinaja en un barril. Las historias de Diógenes son muy variadas y extravagantes, pero todas presumen su desprecio a los bienes materiales, a la riqueza y a las concepciones sociales. Por cierto, Diógenes fue el hijo de un banquero caído en desgracia por falsificar monedas en su ciudad natal de Sínope. Por este delito, acabó yéndose a Atenas donde se formó con Antístenes, fundador de esta escuela, y fue alumno del mismísimo Sócrates.

Contrato social

Aunque la autoría del concepto en sí se la lleva Jean-Jacques Rousseau por su obra homónima, siempre se considera a Tomas Hobbes como el primer contractualista de la historia. El contrato social es lo que suena, tal cual: el acuerdo tácito que han de aceptar todos los ciudadanos de una sociedad para poder vivir en ella según las normas y preceptos ya establecidos por sus antecesores, y que ellos con su acción o inacción aceptan obedecer. Podríamos decir que esta aceptación es la firma metafórica del contrato. La razón por la cual se establece este contrato será en lo que difieran los filósofos mencionados. Hobbes decía aquello de que el hombre es un lobo para el hombre, o sea que nuestra naturaleza no es ser precisamente pacíficos. Bajo esta lógica, aseguraba que si nos sometíamos a un estado soberano era por el puro interés egoísta de sobrevivir, de estar protegidos de los demás lobos, aun a costa de tener que renunciar a la libertad de la autoprotección, obligándonos a ser pacíficos y mansos. Por el contrario, Rousseau afirmó que el hombre es por naturaleza bueno, pero que es la sociedad la que lo corrompe y lo convierte en el lobo que Hobbes planteaba. Así que, en el mismo punto, aunque con diferente comienzo, el hombre debía firmar un pacto, un contrato social, construido sobre la voluntad general de todos para establecer las leyes comunes que los igualaran y posibilitaran la convivencia. Desde luego, las concepciones del estado formado a través de ambos contratos eran muy diferentes, fundamentalmente porque entre la muerte y el nacimiento de cada autor hay un siglo de diferencia. Así, Hobbes defendía con vehemencia la figura de un monarca omnipotente que controlara todos los poderes del estado, mientras que Rousseau argumentaba que el pueblo era quien debía legislar, sea cual fuera la forma final de gobierno. Fue esta última idea lo que dio impulso a la Revolución francesa y a todas las repúblicas modernas que hoy existen.

Demiurgo

¿Recuerdas que hace unas páginas te dije que te olvidaras de cómo se podrían correlacionar los universales con el mundo físico? Es decir, cómo es posible que, si en el mundo de las ideas existe la idea de árbol, este pudiera existir también en el mundo sensible, en el *kosmos horatós*. Pues, como algo propio de un pensamiento a medio camino entre el mundo mítico y el racional, al bueno de Platón se le ocurrió meter a un personaje de esos que pueden llegar a sonrojar a más de uno: el demiurgo. Se trata de una entidad divina que diseña y da forma a la materia en el mundo en el que tú y yo vivimos, a imitación de las ideas que existen en el *kosmos noetós*. ¡¡Tachán!! Solucionado el problema del mundo físico, ¿no? Pero cómo pasan esas ideas perfectas, esos universales, a la mente de cada uno de nosotros... Te lo cuento un poco más abajo. Prepárate para otra extravagancia de hace más de dos mil años.

Mesura, templanza, virtud

Hay dos definiciones de virtud que distan muy poco en el tiempo la una de la otra, pero que se diferencian con mucha claridad. Para Platón, la virtud es la acción que te lleva hacia los universales. Virtuosa será entonces aquella persona que, sabiendo lo que es el bien, actúe en consecuencia, accediendo así al mundo verdadero y desprendiéndose de su corporalidad. Sin embargo, su discípulo Aristóteles se alejaría del maestro. Para él la virtud, la *areté*, la excelencia, será el mejor modo de ser, la acción más afín a la naturaleza de cada ser. La virtud es entonces la excelencia del alma, un estado solo alcanzable mediante el conocimiento y la voluntad que, una vez logrado, nos produce felicidad. De ahí que este sea el fin de la humanidad, aunque para eso hace falta trabajarlo mucho. ¿Cómo? Pues ahí entra en juego la primera palabra, la mesura, la *mesotés*. Quizá así no te suene mucho, pero ¿y si te hablo del justo medio, o del punto medio, o que en el equilibrio está la virtud, o que ni tanto que queme al santo ni tanto que no lo alumbre, o que ni muy muy ni tan tan? En efecto, para Aristóteles la virtud moral estará en el punto intermedio entre un extremo y otro de un aspecto del carácter. Por ejemplo, entre la insensibilidad y el libertinaje, entendido este último como una conducta sin freno en busca del puro gusto de los sentidos, estará la templanza, la moderación.

Reminiscencia

Última fumada platónica, no desesperes. Nos quedamos en la pregunta de cómo las ideas del *kosmos noetós* pasarían a tu cabeza, que está en el mundo sensible, donde respiramos y sufrimos, ¿lo recuerdas? En este momento, todo buen divulgador, o profe de filo, te hablaría del mito de la caverna y después te mandaría a ver *Matrix*, que es un peliculón. Pero mientras tú te vas a investigar lo primero y a verte la segunda, yo te adelanto: Platón decía que en un principio todas las almas estaban en el mundo de las ideas, dispuestas alrededor de estas, pero había tantas almas que unas estaban más cerca de las ideas que otras, así que las últimas las veían peor, de manera menos clara. Todas esas almas, en algún momento posterior, cayeron al mundo sensible, al *kosmos horatós*, y se encarnaron en los hombres. Pero dado que unas almas habían sido privilegiadas con poder ver las ideas de cerca y otras no, unos humanos son capaces de reconocer con mayor facilidad estas ideas, hechas materia por el demiurgo a imitación de las ideas originales, mientras que otros carecen de esta habilidad. La reminiscencia será entonces ese recuerdo del alma que permite reconocer las ideas, los universales, en el mundo real, y en consecuencia nos permite actuar, siguiéndolas, de manera virtuosa (recuerda cómo era la virtud para Platón). Pero entonces, ¿qué pasa con los no tan capaces? Recuerdas que te he hablé del clasismo griego, ¿verdad? Pues aquí es igual: las almas más cercanas a las ideas son las de los filósofos, y detrás de ellos estaría el resto de los ciudadanos de la *polis*: los guardias, artesanos, etc. Pero si te estás preguntando si esta situación dispareja era reversible, te invito a que averigües e indagues por tu cuenta sobre otro momentazo *off topic* que nos regaló Platón: la metempsicosis, la transmigración de las almas. Yo lo dejo aquí, que me da la risa.

Duda

La duda es, según mi humilde entender, el mayor regalo que ha hecho la filosofía a la cultura humana. Dudar viene del verbo latino *dubitare*, que significa vacilar entre dos cosas. Si retrocedes un poco y lees la definición de *dogmatismo* verás que no hay espacio para la duda en él. Por eso hay que huir de los dogmas, porque sin duda no hay avance ni evolución posible, no hay aprendizaje más allá de lo que te hayan dicho que es verdad, y punto. Sócrates era un maestro en hacer dudar a la gente con la que hablaba y que creía saber o dominar algún tema. Haciéndolos dudar, les demostraba la necesidad de estar en constante aprendizaje, para ser mejores, para entender mejor a los demás y a nosotros mismos a la vez, para poder llegar a comprender qué es actuar de forma virtuosa, para poder ser felices. No es hasta Descartes que la duda se convierte en un método establecido por la filosofía para el avance de cualquier disciplina: la duda metódica. Duda de todo, te diría el bueno de René, aunque él se negara a dudar de las matemáticas o buscara a toda costa demostrar la existencia de Dios. Pero, como en todo lo que te llevo contado, hay que entender las circunstancias de cada cual para saber por qué dijo o hizo esto o aquello.

Acto y potencia

La filosofía permea con tanta profusión y profundidad en nuestro pensamiento que, muchísimas veces, utilizamos conceptos paridos de la cabeza de un filósofo muerto hace milenios sin darnos cuenta. Esto es lo que ocurre, precisamente, con los conceptos de acto y potencia, la teoría hilemórfica de Aristóteles. Creo que no hace mucha falta explicar ambos conceptos, basta con decir, por ejemplo, que una bellota es, en acto, eso: una bellota, el fruto de un roble o de una encina; sin embargo, en potencia y con la debida acción de la naturaleza es un árbol, y este, también en potencia y con la acción del hombre, puede ser una mesa, una silla o los pilares de una casa. Decir entonces que la potencialidad no existe porque aún no se actualiza hasta ese punto sería incorrecto; lo correcto sería decir que la potencialidad de algo es la manera precedente de ese algo, porque para ser árbol tuvo que ser bellota. En efecto, hablamos del devenir, y sí, también hablamos sobre el ser, sus cualidades y relaciones: ontología de nuevo. ¿Ves hasta qué punto la filosofía está presente en nuestra vida?

Peripatéticos, escépticos y estoicos

Estas fueron tres escuelas fundamentales en el paso del clasicismo griego al helenismo y la posterior romanización del mundo. Sí, digo del mundo, por lo menos del que a nosotros nos toca, porque la cristianización de Occidente también hay que entenderla como una especie de romanización.

La escuela peripatética fue fundada por Aristóteles y recibe este nombre tan exótico porque tanto el maestro como los discípulos paseaban mientras filosofaban por los soportales del liceo, un gimnasio situado cerca del templo de Apolo Licio en Atenas. Y como dar vueltas o pasear en griego es *peripateín*, pues ahí lo tienes. A la muerte del fundador, la escuela pasó por algunos altibajos, se trasladó a Alejandría y existió por algunos siglos más. Aunque sí tengo que aclarar que, más que trabajar sobre el legado metafísico de Aristóteles, su campo principal de estudio se centró en la física, en la naturaleza.

El escepticismo era una corriente filosófica que ya venía de antiguo y que gozó de cierto predicamento durante el helenismo. Los filósofos escépticos afirmaban que nada se podía conocer ontológicamente, pues dudaban incluso de la existencia de las cosas, de cómo nos relacionábamos con ellas y, por supuesto, de la capacidad de comunicar el conocimiento de estas. Llegaban a decir que no se podía afirmar nada, que solo se podía opinar; así dejaban en suspenso cualquier juicio, un estado mental al que se le llama *epojé*.

Los estoicos fueron sin duda la escuela de pensamiento griego que mejor cuajó con la sensibilidad helenística y romana, tanto que uno de los nombres propios del estoicismo latino fue el mismísimo emperador Marco Aurelio. Los estoicos pretendían alcanzar la felicidad a través de la sabiduría y el desprendimiento de lo material, aunque sin llegar a vivir en un barril. Para ellos, las elucubraciones metafísicas carecían de importancia y sentido, porque la filosofía no promete asegurar nada externo al hombre, que es su verdadero objeto de estudio. Su relación con la naturaleza era de aceptación, se debía vivir acorde con sus leyes, pues lejos de ser arbitrarias respondían a una voluntad inteligente, a un universo determinante.

Mapas conceptuales

1. Ejercicio de autorreconocimiento

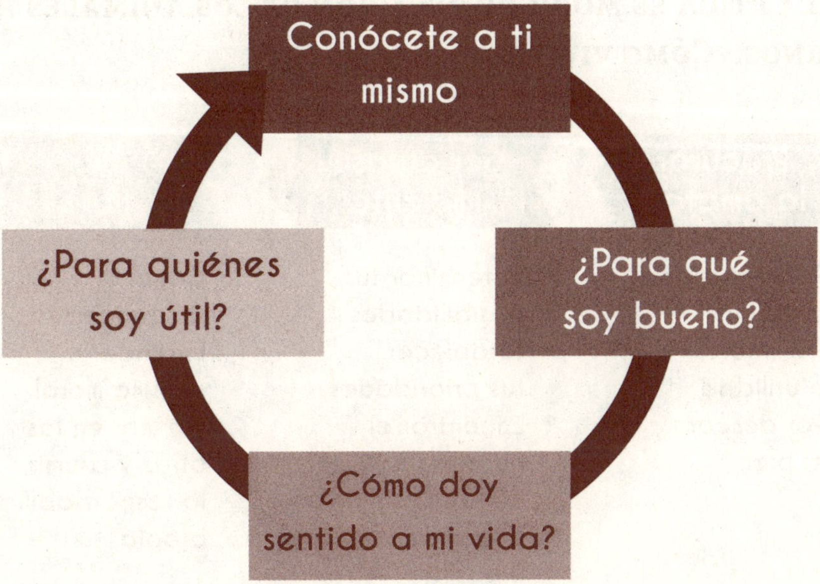

2. La construcción de la confianza

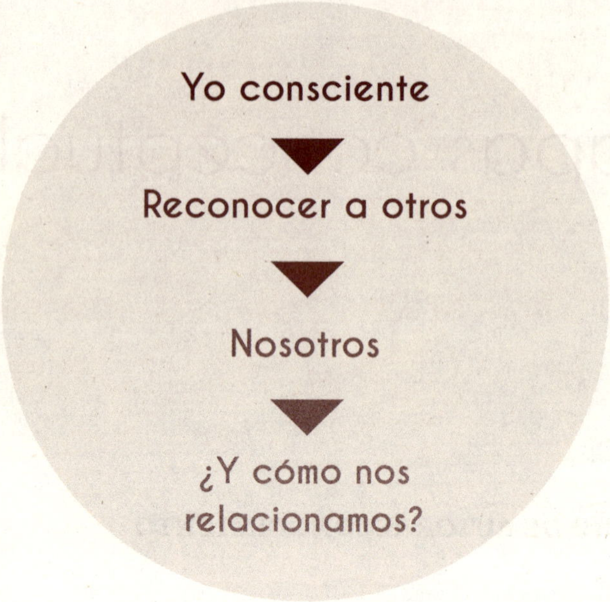

3. La ética es modo de relación de los animales humanos. ¿Cómo vivirla?

Procurar la amistad

- Por diversión o placer
- Por interés o utilidad
- Por desear el bien

Ser autosuficiente

- Determinar tus posibilidades
- Establecer tus prioridades
- Encontrar el nosotros que dé calidad/calidez a la vida
- Resumido: Pensar críticamente

Ser libre

- Conocer y reconocerse
- Entender el sistema moral
- Confiar en los otros y asumir la responsabilidad propia

4. Características de los sistemas morales

Precisan legitimidad	Son promovidos y defendidos por un grupo concreto de personas
Establecen qué está bien y qué mal	Son excluyentes
Dan la opción de ser burlados	La doble moral es una característica innata
Sujetos al devenir de los tiempos, circunstancias y eventualidades	Siempre tienen detractores

5. Cómo se articulan ambos sistemas

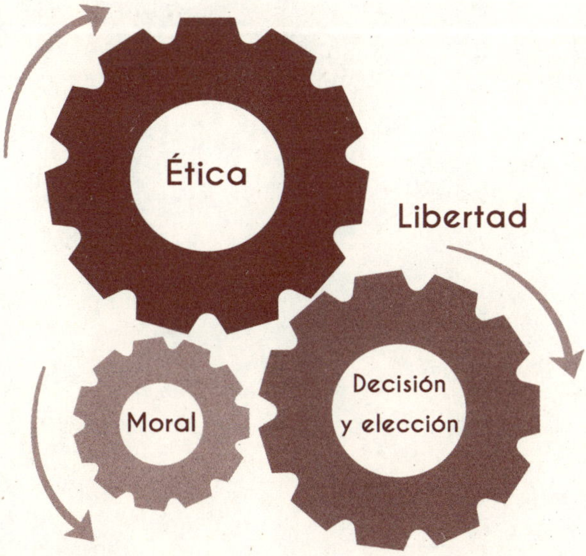

Sobre *Ética para desconfiados* de Vico

Ética para desconfiados es una obra para leer de pie, como aconsejaba José Vasconcelos de los libros magnéticos que te atrapan y sitúan en la zona del no retorno; esos que te contagian del vértigo de la emoción, la risa y la carcajada hasta su inevitable final que, para nuestra fortuna, promete continuar.

Filosofía, ética, moral, valores, política, comunicación, redes sociales, relaciones interpersonales... Todos son conceptos y formas de reflexión que se transfiguran en vivencias cotidianas, gracias al estilo jocoso y a la flema humorística de Vico, un pensador que ha aprendido a sentir la complejidad del mundo actual, con la sensibilidad y la mirada de nuestros jóvenes.

Si la filosofía fue concebida como el amor a la sabiduría, porque lo natural en el hombre y la mujer es conocer y en ello encuentran alegría, la ética bien podría ser esa derivación afectuosa hacia el prójimo, ese con quien hacemos común nuestra suerte y vida mediante el milagro cotidiano de la amistad.

Ética para desconfiados es una obra que gana la confianza de los jóvenes lectores desde las primeras líneas; su mensaje es de empatía y fraternal intimidad; en pocas páginas, logra situar a la filosofía en el circuito de la vida, donde es posible adquirir conciencia para fortalecer la esperanza y alcanzar la felicidad, sin negar el sentido común ni embellecer la realidad.

Benjamín Barajas,
Director general del Colegio de Ciencias y Humanidades
de la UNAM

Agradecimientos

Quiero agradecer infinitamente a mis hermanos Alberto Flores Martínez, Nacho Cardona Guzmán y Adolfo Marcelino Pérez Contreras por aguantar mi vehemencia siempre con tan buen ánimo.

A Estela Peña Molatore por sus acertados comentarios, remiendos y tirones de oreja. Y muy especialmente a Juan Antonio Campos González, que me hizo las veces de Faro de Alejandría; a él le debo un par de libros, una cena y un ramo de flores. También a Daniel López Romero, al que le debo todo eso y un par de *litros* en la Plaza de San Pedro. Y por supuesto a Francisco Ramírez Arenas, quien parió con cariño los mapas conceptuales y al que le debo su peso en carne de res a la parrilla.

A mis hijas Lara e Inés que, sin saberlo, hicieron todo lo que estuvo en sus manos para que no pudiera escribir este libro. Y a Susana, mi esposa, que hipotecó su sueño durante meses para que sí fuera posible acabar de escribirlo.

A todos, y a ti por leerme, muchas gracias.